a vida
sem amarras

MICHAEL A. SINGER

a vida sem amarras

Uma jornada interior em busca de liberdade, significado e inspiração

Título original: *Living Untethered*

Copyright © 2022 por Michael A. Singer
Copyright da tradução © 2023 por GMT Editores Ltda.

New Harbinger Publications, Inc.
5674 Shattuck Avenue
Oakland, CA 94609
www.newharbinger.com

Todos os direitos reservados. Nenhuma parte deste livro
pode ser utilizada ou reproduzida sob quaisquer meios existentes
sem autorização por escrito dos editores.

tradução: Ana Beatriz Rodrigues
preparo de originais: Priscila Cerqueira
revisão: Hermínia Totti e Rachel Rimas
diagramação: Valéria Teixeira
capa: Amy Shoup
adaptação de capa: Natali Nabekura
imagens de capa: Creative Market e Sara Christian
impressão e acabamento: Lis Gráfica e Editora Ltda.

CIP-BRASIL. CATALOGAÇÃO NA PUBLICAÇÃO
SINDICATO NACIONAL DOS EDITORES DE LIVROS, RJ

S624v

Singer, Michael A., 1947-
A vida sem amarras / Michael A. Singer ; tradução Ana
Beatriz Rodrigues. - 1. ed. - Rio de Janeiro : Sextante, 2023.
224 p. ; 21 cm.

Tradução de: Living untethered
ISBN 978-65-5564-678-8

1. Autorrealização. 2. Autoconsciência. 3. Técnicas de
autoajuda. I. Rodrigues, Ana Beatriz. II. Título.

23-84013 CDD: 158.1
CDU: 159.923.2

Meri Gleice Rodrigues de Souza - Bibliotecária - CRB-7/6439

Todos os direitos reservados, no Brasil, por
GMT Editores Ltda.
Rua Voluntários da Pátria, 45 – 14º andar – Botafogo
22270-000 – Rio de Janeiro – RJ
Tel.: (21) 2538-4100
E-mail: atendimento@sextante.com.br
www.sextante.com.br

Aos mestres

Sumário

PARTE I: Consciência ciente

1	A consciência do Eu	13
2	O receptor consciente	17
3	A vida aí dentro	21
4	Um espetáculo confuso	24
5	Explorando a natureza das coisas	28

PARTE II: O mundo exterior

6	O momento diante de nós	33
7	O mundo em que vivemos	37
8	A origem da matéria	40
9	O poder da criação	45
10	Não é nada pessoal	47

PARTE III: A mente

11	Mente vazia	57
12	O nascimento da mente pessoal	64
13	A queda do paraíso	70
14	O véu da psique	78
15	A mente brilhante	83

PARTE IV: Pensamentos e sonhos

16 A mente abstrata   89
17 Pare de servir à mente   94
18 Pensamentos intencionais e automáticos   99
19 Os sonhos e o subconsciente   103
20 Sonhando acordado   107

PARTE V: O coração

21 Entendendo as emoções   113
22 O que abre e fecha o coração   118
23 A dança do fluxo energético   124
24 A causa dos humores e emoções   130
25 Os segredos do coração   135

PARTE VI: O dilema humano e muito mais

26 O dilema humano   143
27 Mudança de paradigma   148
28 Trabalhando com o coração   153
29 Nem supressão, nem expressão   158

PARTE VII: Aprendendo a se libertar

30 Técnicas de libertação   165
31 Os frutos mais fáceis de colher   172
32 O passado   175
33 Meditação   181
34 Como lidar com questões mais complexas   186

PARTE VIII: Uma vida de aceitação

35	Como lidar com energias bloqueadas	193
36	A transmutação da energia	197
37	A força do propósito	201
38	Explorando os estados superiores da consciência	207
39	Estar no mundo, sem ser do mundo	213

Agradecimentos   221

PARTE I

Consciência ciente

1

A consciência do Eu

Habitar por um punhado de anos um planeta que gira no vasto espaço sideral: podemos resumir assim o dilema da humanidade. A Terra existe há 4,5 bilhões de anos, mas a jornada de cada um de nós se limita a aproximadamente oito décadas – às vezes mais, às vezes menos. Nascemos no planeta e o deixamos após a morte, eis a simples verdade. O que não é tão simples, porém, é como será a nossa breve existência na Terra. A vida no planeta pode ser uma experiência interessantíssima, sem sombra de dúvida. Pode haver entusiasmo, paixão e inspiração a cada esquina. Quando isso acontece, cada dia se torna uma bela aventura. Só que raramente a vida na Terra se desenrola do jeitinho que desejamos e, se não aceitarmos isso, nossa experiência pode se revelar bastante desagradável. Quando resistimos, criamos tensão e ansiedade, e a vida se torna um fardo.

Para evitar esse fardo e abraçar plenamente a vida, os sábios ensinaram ao longo dos tempos a importância de aceitar a realidade. Podemos trabalhar com o fluxo vital e criar um mundo melhor a partir da aceitação. A ciência, por exemplo, estuda a realidade, aprende suas leis e trabalha com elas para melhorar nosso dia a dia. Os cientistas não podem negar a realidade; precisam aceitá-la integralmente como ponto de partida dos seus esforços. Para voar, precisamos aceitar por completo a lei da gravidade, e não negar sua existência. O mesmo acontece no reino espiritual. Ensinamentos como "entrega", "aceitação" e "não resistência" formam a base de uma vida profundamente espiritual. Entretanto, às vezes é difícil entender esses conceitos.

Neste livro, iniciaremos uma jornada rumo à sensatez da aceitação e aos maravilhosos presentes que ela nos oferece: liberdade, paz e iluminação interior. Compreendemos melhor o conceito de aceitação quando o encaramos como a não resistência à realidade. Por mais que tentemos, é impossível desfazer algo que já aconteceu. Só temos duas opções: aceitar o acontecido ou resistir a ele. Durante nossa jornada juntos, vamos explorar como e por que você toma essa decisão. Antes, porém, é preciso entender quem tem o poder de escolha.

Você certamente está *aí dentro*; tem uma noção intuitiva da sua existência interior. E o que seria isso? Trata-se da consciência do Eu, o tema mais importante que poderíamos discutir. Já que vamos mergulhar fundo na espiritualidade da aceitação, precisamos começar entendendo quem está aí dentro de você, aceitando a realidade ou resistindo a ela.

São muitas as maneiras de abordar a natureza do Eu. Vamos começar com algo muito simples. Imagine que alguém chegue até você e pergunte: "Oi! Você está aí?" Como você reagiria? Certamente não diria "Não, não estou", porque seria um absurdo completo. Se você não estivesse aí, quem responderia no seu lugar? É claro que você está aí, mas o que isso quer dizer?

Imagine que alguém lhe mostre três fotografias diferentes, uma a uma, e depois pergunte: "A pessoa que olhou as três imagens era você?" Sua resposta seria: "Claro que sim, a pessoa era eu." Ótimo, já é um bom começo. Nesse simples exercício fica claro que você não é o que você vê; você é aquele que observa. As fotos mudaram, mas não a pessoa que olhava para elas.

Não é difícil entender com esse exemplo que você não é aquilo que enxerga, mas também é verdade que nos identificamos mais com alguns objetos do que com outros. Por exemplo, o nosso corpo. Há inclusive quem se identifique da seguinte maneira: "Sou uma mulher de 43 anos e tenho 1,67 metro de altura." É isso mesmo que você é, um corpo feminino de 43 anos e 1,67 de altura? Ou o corpo é algo de que você está ciente? Pois bem, vamos começar pela sua mão. Se lhe perguntassem se você está vendo sua mão, você responderia: "Sim, estou vendo." Certo, mas e se sua mão fosse decepada? Calma, não vai doer; imagine apenas que ela desapareceu por alguns instantes. Você notaria o desaparecimento dela? E você ainda estaria aí? É como no exemplo das fotos: você viu a mão quando ela estava aí e notou sua ausência quando ela se foi. Mas seu eu interior, aquele que "vê", não mudou; o que mudou foi aquilo que é visto. Seu corpo é apenas outra coisa que você vê. A pergunta permanece: quem está aí dentro, observando?

Veja bem, não precisamos parar por aqui. A medicina avançou tanto que, com o uso de dispositivos eletrônicos e de uma máquina que controla a circulação, os cirurgiões poderiam remover grande parte do seu corpo sem que você perdesse sua noção de Eu. Você continuaria aí, ciente das mudanças. Como você pode ser seu corpo se você permanece o mesmo depois que ele é completamente transformado?

Felizmente, para ajudá-lo a perceber que você não é seu corpo, não precisamos ir tão longe. Há um jeito muito mais simples e intuitivo de abordar a questão. Você com certeza já notou que seu corpo não é o mesmo de quando tinha 3, 10, 20 ou 50 anos. E certamente não será o mesmo quando chegar aos 80 ou 90. Mas esse ser aí dentro não permanece o mesmo? Quando você tinha 10 anos e se olhava no espelho, via o que está vendo agora? Não, mas não era o mesmo ser que se olhava no espelho naquela época? Você esteve aí o tempo todo, não foi? Essa é a base, a essência de tudo o que estamos discutindo. Quem é você? Quem está aí dentro enxergando com seus olhos e vendo o que você vê? Quando lhe mostraram as três fotografias, você não era nenhuma delas, e sim aquele que as via. Da mesma forma, quando se olha no espelho, você não é a imagem que aparece refletida, é o ser que enxerga a imagem.

Pouco a pouco, usando esses exemplos, estamos revelando a natureza do Eu. A relação que você estabelece com aquilo que você vê é sempre de sujeito-objeto. O sujeito é você, e o objeto é o que é visto. Muitos objetos diferentes lhe chegam através dos sentidos, mas somente um sujeito os vivencia: *você*.

2

O receptor consciente

Assim que reconhecer que você está aí, você vai notar que os objetos ao seu redor tendem a distrair sua atenção. O cachorro do vizinho late, alguém entra na sala, você sente o aroma de café e... pronto, sua atenção se volta para isso. No dia a dia, o mundo exterior o distrai de tal maneira que você raramente consegue focar em si mesmo, o receptor consciente desses estímulos. Vamos analisar por um momento a relação real entre esse receptor consciente e as coisas que o distraem.

Segundo a ciência, você nem sequer está olhando para aquilo que vê. O que acontece é que os raios de luz refletem as moléculas que compõem os objetos externos. Esses raios refletidos chegam aos fotorreceptores dos nossos olhos e são transmitidos de volta, em forma de mensagens, pelo sistema nervoso. As mensagens, que são "entregues" à mente, chegam até nós como uma imagem reconstituída dos objetos externos. Na verdade, o que vemos são objetos internos, e não do mundo lá fora.

Estamos esmiuçando esses conceitos para descobrir como é ser você. As coisas certamente não são o que aparentam. Até mesmo a ciência afirma isso. É como se você estivesse olhando, de dentro de si, para uma televisão mental que reflete a imagem do mundo à sua frente. É claro que você não é o objeto para o qual está olhando. Afinal, na verdade nem sequer está enxergando o objeto real. Se invertermos a situação, podemos perguntar o seguinte: "Quem sou eu aqui dentro olhando para uma imagem mental do que está diante de mim?"

Houve um santo indiano, um mestre iluminado, chamado Ramana Maharshi. Seu caminho espiritual consistiu em perguntar, a cada momento: "Quem vê quando eu vejo? Quem ouve quando eu ouço? Quem sente quando eu sinto?" *Autorrealização*, termo usado pelo mestre iogue Paramahansa Yogananda para se referir à iluminação, significa que você descobriu inteiramente quem você é aí dentro. A viagem espiritual de volta ao Eu não tem a ver com encontrar a si mesmo – tem a ver com perceber que você é o Eu. Mesmo no sentido judaico-cristão, se uma pessoa lhe pergunta se ela tem alma, a resposta correta é: "Não, você não *tem* alma – você aí dentro, sua consciência, *é* a alma." Com isso, "Quem é você?" passa a ser a pergunta fundamental. Você não pode se libertar sem antes entender quem está preso. Da mesma forma, não pode entender a aceitação sem antes entender quem está resistindo.

Continuemos nossa exploração do Eu. Vimos anteriormente que, quando era mais jovem, você se olhava no espelho e via um reflexo que foi mudando ao longo do tempo. Sob essa perspectiva, quantos anos você tem? Não estou me referindo à sua idade fisiológica. Quantos anos tem esse ser aí dentro que vê a imagem do seu corpo pelos seus olhos? Se você estava aí aos 10 e aos 20 anos, se estará aí no seu leito de morte notando que vai morrer, que idade tem seu ser? Não responda ainda a essa pergunta. Deixe que ela penetre até seu nível mais profundo. Você está disposto a abrir mão dos conceitos tradicionais de idade?

Passemos a outro experimento interessante. Vamos imaginar que você esteja se olhando no espelho depois do banho. Você vê à sua frente o reflexo de um corpo biologicamente masculino ou feminino. E se, de uma hora para outra, por algum poder misterioso, tudo no seu corpo mudasse? Se antes você era um homem, agora vê a imagem de uma mulher. Se antes era mulher, agora vê a imagem de um homem. Você seria a mesma pessoa olhando seu corpo no espelho? Seria a mesma consciência que sempre olhou através desses olhos que agora enxergam um corpo diferente? Você provavelmente se perguntaria: "O que houve? O que está acontecendo?" No entanto, seria o mesmo ser tendo aquela experiência. Qual seria o seu gênero? Um ser que não tem corpo não pode ter gênero. Pode ter apenas a consciência de que, quando enxerga por meio dos seus olhos, o corpo que vê tem determinada forma. Essa forma pode ser biologicamente masculina ou feminina, mas você, que a observa, não é uma coisa nem outra.

Vamos em frente, porque ainda precisamos responder àquela mesma pergunta: "Quem é *Você*, a consciência que intuitivamente sabe que você está aí?" Seu corpo tem uma idade, tem um gênero, mas esses conceitos são irrelevantes para aquele que observa o corpo de fora. Olhar para um vaso grande e antigo, centenário, faz de você um ser grande de 100 anos de idade? O mesmo se aplica à raça. Sua pele pode ser de determinada cor, mas a consciência que nota isso não tem cor. Você não é o seu corpo; é aquele que nota as características físicas dele. Você é a consciência interior que está observando tudo isso. A pergunta é: *Você está disposto a abrir mão de quem pensava que era?* Pois quem você pensava que era não é quem você é. O mesmo ser interior está olhando para seu corpo, sua casa, seu carro. Você é o sujeito; todo o restante são objetos da consciência.

Pensemos em algo mais leve. À noite, na hora de dormir, você costuma sonhar. Ao acordar pela manhã, você diz: "Essa noite eu tive um sonho." Na verdade essa é uma afirmação muito profunda. Como você sabe que teve um sonho? Simplesmente se lembra do sonho ou participou dele, vivenciando-o? A resposta é bem simples: você estava lá, vivenciando-o. O mesmo ser que enxerga através dos seus olhos e vê o mundo exterior estava vivenciando os acontecimentos do sonho. Existe apenas um ser consciente, que experiencia os dois mundos: o da vigília e o onírico. Observe que, ao descrever suas interações com os dois mundos, você usa intuitivamente a palavra "eu". Por exemplo: "Eu estava voando pelas nuvens com os braços bem abertos, aí de repente acordei e percebi que estava na minha cama."

Em *Os Yoga Sutras de Patanjali*, um texto clássico da tradição do yoga, Patanjali discute a questão do sono profundo, sem sonhos. Afirma que, quando você dorme e não sonha, não é que esteja inconsciente. Ao contrário, está consciente do nada. Se refletir sobre isso, você vai descobrir que está sempre consciente. Até pessoas que perdem a consciência, ou entram em coma, quando se recuperam narram o que vivenciaram. Há os que têm experiências de quase morte nas quais saem do corpo, voltam e dão seu relato ao acordar. Qualquer que seja a origem dessas experiências, foi o mesmo ser que as vivenciou e as descreveu. Como poderíamos dizer que isso não é estar consciente? Na medicina, o que chamamos de "consciência" tem a ver com o conhecimento do nosso entorno. Mas o conceito de estar aí, conscientemente a par de alguma coisa, é algo totalmente diferente. Você está consciente o tempo todo. Esteve consciente desde o começo. Está consciente de tudo em que deposita sua atenção, interna ou externamente. Quem é você? Quem é essa entidade conscientemente presente que está aí dentro?

3

A vida aí dentro

Estamos de volta às verdades mais básicas da vida: você está aí, sabe que está aí, esteve aí o tempo todo, o que nos leva a algumas perguntas interessantes. Por exemplo, quando o corpo morre, você continua ciente da própria existência? Essa não é uma pergunta intrigante? Não se anime muito, porque não vamos respondê-la aqui. Em algum momento, porém, alguém oferecerá essa resposta: *Você*. Um dia você com certeza vai descobrir se continua aí depois que o corpo morre. Por que tanta gente tem dificuldade de lidar com a morte, aliás? Morrer deve ser um dos aspectos mais interessantes da vida. Afinal, é uma experiência única! Depois do último suspiro, ou você vai estar aí ou não vai estar. Se não estiver, não se preocupe. Não será algo como "Ai, meu Deus, não estou aqui. Não estou gostando nada disso". Não. Se você não estiver aí, o problema não vai nem existir. Muito mais interessante é pensar na alternativa: e se você continuar aí? Vai descobrir como é explorar um universo totalmente novo no qual você nem sequer terá um corpo. Mas não vamos nos aprofundar nesse assunto, porque contraria crenças, concepções e pontos de vista de muitas pessoas. Vamos apenas considerá-lo algo pelo qual ansiar, uma experiência única e definitiva.

As pessoas têm tanta dificuldade de encarar a morte porque acham que são o próprio corpo. E, como se isso não bastasse, elas também se identificam com as casas e os carros que possuem. Projetam sua noção de identidade em coisas que elas não são. É por isso que temem tanto perdê-las. À medida que buscar seu crescimento interior, você vai parar de se projetar em objetos externos. Em vez disso, vai se identificar com uma noção mais profunda do seu eu interior.

Agora que está claro que você está aí, faz sentido perguntar: o que faz aí dentro? E, ainda mais relevante, como é estar aí? Que pergunta interessante... "Como é estar aí?" Se respondessem com sinceridade, muitas pessoas diriam que nem sempre é agradável. Na verdade, às vezes é bem difícil. E por que será? É aí que entra o crescimento interior. As pessoas, em sua maioria, não se dão conta de que viver dentro de si mesmas pode ser sempre agradável. Vejamos, por exemplo, os momentos mais felizes da sua vida: segurar o primeiro filho no colo, o dia do seu casamento, o primeiro beijo. A sensação que você teve foi de ter ganhado na loteria. Recorde essas sensações, multiplique por mil e imagine se sentir assim o tempo todo – só que com cada vez mais intensidade. É isso que você é capaz de vivenciar dentro de si. Sério. É lindo, mas às vezes é confuso. Imagine-se entrando numa casa empoeirada, cheia de cascas de banana pelo chão e sobras de pizza por toda parte. A casa é linda, mas está totalmente abandonada. Pode voltar a ser uma casa linda, mas vai dar trabalho. É exatamente essa a situação dentro de você. Na verdade, é por isso que estamos iniciando essa exploração interior. Todos nós desejamos a mesma coisa: ficarmos bem internamente.

As pessoas fazem de tudo para se sentir bem. Algumas buscam experiências desafiadoras e relacionamentos satisfatórios; outras vão até o limite com bebidas e drogas, tudo pela mesma razão. O problema é a abordagem que usam. Vivem se perguntando *como* tornar as coisas agradáveis dentro de si, enquanto o importante seria questionar *por que* não conseguem. Se você descobrir a resposta e eliminar os fatores que tornam desagradável ser quem você é, sua existência será transformada. A vida não precisa ser um jogo ruim no qual precisamos encontrar maneiras de torná-lo um pouco melhor. Mas é isso que todo mundo anda fazendo. Temos buscado pessoas, lugares e coisas no mundo exterior que tornem mais confortável nosso mundo interno. Temos tentado usar o mundo lá fora para dar um jeito em nós mesmos – enquanto o melhor seria descobrirmos, em primeiro lugar, por que não estamos felizes sendo quem somos.

4

Um espetáculo confuso

"Estou aqui. Estou consciente. E o que minha consciência diz é que estar aqui nem sempre é agradável."

Essa declaração sincera é um excelente ponto de partida para nossa exploração do Eu e do poder da aceitação. Que tipo de experiência faz com que estar aí dentro seja às vezes agradável e às vezes tão difícil? Existem apenas três coisas que você vivencia aí dentro, então vamos analisá-las. Primeiro, vivenciamos o mundo exterior por meio dos nossos sentidos. Existe um mundo lá fora, e ele chega a nós pelos nossos olhos, ouvidos, nariz, paladar e tato. Dentro de nós, isso se torna uma experiência agradável, uma experiência desagradável ou apenas uma experiência efêmera. Assim, o mundo externo é uma das coisas com as quais lidamos e que têm um profundo impacto em nosso estado interior.

Por mais avassalador que seja o mundo lá fora, não é só ele que você vivencia. Existem também os pensamentos. Ouvimos nossos pensamentos dizerem coisas como: "Não sei se eu gosto disso. Nem sequer entendi por que ela fez tal coisa." Ou então: "Uau! Queria um carro desses. Se fosse meu, eu sairia por aí rodando o país inteiro." Se lhe perguntassem quem está dizendo tudo isso dentro da sua cabeça, você provavelmente responderia que é você mesmo. Mas não é. São seus pensamentos; você apenas os está notando. Pensamentos são mais uma das suas percepções. Você nota o mundo que chega de fora e nota os pensamentos que são gerados aí dentro.

Mas de onde vêm os pensamentos? Vamos detalhar essa questão mais adiante; por enquanto, entenda que os pensamentos e o mundo exterior são duas das três coisas que você experimenta dentro de si. A terceira são os sentimentos ou emoções. Alguns surgem de repente, como o medo. A mente pode dizer: "Estou com medo", mas, se você não *sentir* medo de verdade, o impacto será muito menor. O problema é realmente vivenciar a emoção do medo. Alguns sentimentos são agradáveis: "Estou sentindo o maior amor que já senti na vida." Você gosta desse sentimento. Outros são desagradáveis: "Estou sentindo medo, vergonha e culpa, tudo ao mesmo tempo." Ninguém gosta de sentir isso, não é mesmo?

Já avançamos bastante na exploração do Eu. Já provamos que você está aí, e a maior prova disso é que você sabe que está aí. É o que chamamos de *lugar da consciência*. Sempre que se sentir perdido, coloque-se diante do espelho e diga: "Oi! Você está aí?" Acene para a imagem à sua frente e constate: "Sim, estou vendo uma pessoa acenando. Quem sou eu que vê isso?" Esse é um jeito de se centrar de novo no lugar da consciência. Olhe ao redor e observe o que chega até você pelos seus sentidos, os pensamentos que passam pela sua mente e qualquer emoção que surge no seu peito, trazendo conforto ou desconforto. Essas três experiências interiores são a arena na qual sua consciência entra no jogo da vida no planeta Terra.

O resumo da ópera é que aí dentro você não tem vez. O bombardeio constante dessas três experiências gera um espetáculo confuso, com várias coisas acontecendo ao mesmo tempo. O efeito é tão devastador que parece que existe uma conspiração contra você. O mundo exterior tem enorme influência sobre seus pensamentos, e, por sua vez, pensamentos e emoções geralmente se alinham. É raro a mente dizer "Não gosto disso" enquanto o coração transborda de amor. Digamos que você pense no seu amigo Fred e sua mente diga: "Não quero encontrar o Fred. Depois da discussão que tivemos, fico muito sem graça perto dele." Você vai começar então a sentir medo. Estava tudo bem, até um evento externo tomar conta dos seus pensamentos e gerar dificuldades emocionais. Você é sugado para essa experiência turbulenta. Se tivesse se perguntado "Como é viver dentro de mim?", provavelmente responderia: "É bastante intenso. Eu me perco muito e nem sempre consigo me sentir bem." Não é tão divertido assim, certo?

Buda afirmou que a vida é sofrimento. Ele não estava sendo negativo. A vida é, sim, sofrimento. Seja você rico, pobre, doente, saudável, jovem ou velho – não importa. É claro que existem momentos em que não estamos sofrendo, mas passamos a maior parte do tempo nos esforçando para ficar bem. É basicamente isso. Você ainda vai acabar percebendo que foi isso que fez a vida inteira: tentar ficar bem. Era por isso que chorava quando era pequeno: não estava se sentindo bem. Por isso queria determinado brinquedo: achava que se sentiria melhor com o presente. Por isso quis se casar com uma pessoa especial. Por isso quis fazer aquela viagem para a Europa ou para o Havaí. Chega uma hora em que você constata que tudo o que sempre fez foi tentar ficar bem aí dentro. Primeiro você reflete sobre o que lhe faria bem, depois sai em busca daquilo.

Mas o que significa ficar bem? Primeiro, significa facilitar sua convivência com seus pensamentos e emoções. Alguns são agradáveis, outros nem tanto. Você gosta dos agradáveis, a grande questão é essa. Você quer que seus pensamentos sejam sempre positivos, otimistas, belos. O problema é que existe uma realidade lá fora que pode tomar conta de tudo e afetar seus pensamentos e emoções. Por isso a vida às vezes é tão esmagadora.

Essa sua interação com o mundo e com seus pensamentos e

emoções levanta algumas questões interessantes. O que são essas três coisas e de onde elas vêm? Até que ponto você as controla? Por que às vezes elas lhe fazem bem e outras vezes fazem mal? Vamos discutir isso mais detalhadamente nos próximos capítulos. Quando terminarmos, você vai perceber que o que realmente importa não são os problemas, nem as emoções, tampouco o mundo exterior. O que realmente importa é o *Você* aí dentro, o sujeito que vivencia essas coisas. Como anda *Você*? Veremos, então, que seu Eu interior é maior do que qualquer vivência que você já teve – é o ser mais belo de todo o universo. Se conseguir encontrar o caminho de volta até o lugar do Eu, é isso que você vai descobrir. Foi isso que Cristo nos ensinou, que Buda nos ensinou, que todos os grandes mestres espirituais, de todas as tradições, nos ensinaram: o Reino está dentro de nós. Você é um ser grandioso, feito à imagem de Deus, mas para saber disso precisa se libertar de toda a confusão aí dentro.

5

Explorando a natureza das coisas

Nossa vida inteira consiste na vivência consciente dos três objetos da consciência (o mundo exterior, os pensamentos e as emoções). Agora estamos prontos para explorar a origem e a natureza dessas experiências. Depois que compreender de onde elas vêm, você se deixará distrair menos por elas. E também entenderá melhor sua tendência a aceitá-las ou rejeitá-las. Estudamos esses objetos de consciência não apenas para adquirir conhecimento, mas também para conquistar nossa liberdade.

Vamos discutir a natureza do mundo que passa diante de nós. Os momentos que presenciamos vêm e vão, como se fossem imagens em movimento. Os instantes não param; simplesmente continuam fluindo no tempo e no espaço. De onde vêm todos eles? Por que você os vivencia de maneiras diferentes? Qual é a verdadeira relação entre você e o que se passa diante dos seus olhos?

Vamos explorar também a natureza da mente e das emoções, inclusive como e por que elas estão em constante transformação – o que pode ser ainda mais interessante do que analisar o mundo exterior. Embora todos os três objetos da consciência mudem o tempo todo, você é o ser persistente que sempre os vivencia. Qual é a sua natureza? Como é se saber consciente? É disso que trata a espiritualidade. Quando não nos deixamos mais dispersar pelas três maiores distrações, nossa consciência deixa de ser atraída para esses objetos. O foco da consciência permanece, muito naturalmente, em sua própria fonte. É como uma lanterna iluminando vários objetos. Se olharmos para a luz em si, e não para os objetos que estão sendo iluminados, perceberemos que a luz que os ilumina é a mesma. De modo semelhante, a consciência que está ciente de todos os objetos que passam diante dela é a mesma, tanto interna quanto externamente. Você é essa consciência. Voltar-se para essa origem é uma experiência belíssima.

Eis o nosso desafio: nos livrarmos das distrações que nos afastam de nossa grandeza e nos fazem lutar contra a vida. Ao entender a natureza dos objetos com os quais entra em conflito, você conseguirá se libertar do domínio que eles têm sobre você. Chamamos essa libertação de "aceitação" e "entrega". Existe um estado de enorme paz interior que nada no mundo é capaz de perturbar, nem mesmo os pensamentos e as emoções. Tais objetos podem continuar existindo livremente, mas deixarão de dominar sua vida. Você ficará livre para interagir plenamente na vida, mas fará isso com uma sensação de amor e dedicação, não de medo ou desejo.

Agora você entende o propósito maior deste livro: levar você a se libertar dos três maiores elementos de distração e voltar à origem do seu ser. Você verá que só assim poderá desfrutar ao máximo do seu tempo na Terra. Esse é o significado de viver sem amarras. Você não precisa se forçar a nada para retornar ao seu âmago. O melhor caminho é o aprendizado por meio da vida cotidiana e o abandono gradual de tudo aquilo que distrai sua consciência. Ao aceitar em vez de resistir, você vai acabar alcançando um lugar permanente de clareza – em outras palavras, vai se estabelecer no lugar do Eu. Experimentará a energia mais bela de todas, e ela nunca mais vai acabar. Em todos os momentos da sua vida, haverá um belo fluxo de energia que só fará aumentar dentro de você.

Vamos abordar esse processo de libertação de maneira científica e analítica. Ao fazer isso, você vai se sentir tão à vontade com os três objetos da consciência que não terá mais que passar a vida tentando controlar suas experiências. Você verá que esses objetos transitórios representam o aspecto mais inferior do seu ser: o corpo, a mente e as emoções. Por outro lado, vai aprender a se estabelecer em seu aspecto mais superior: o lugar da percepção consciente. Poderá viver sua vida num estado de total liberdade e felicidade. Tudo pronto? Vamos iniciar nossa jornada e explorar nosso mundo exterior, nossa mente e nossas emoções, assim como a consciência que tudo vivencia. Chegou a hora de aprender mais sobre esse caminho de aceitação que passa diante de nós.

PARTE II

O mundo exterior

6

O momento diante de nós

É fundamental manter a perspectiva em todas as etapas do nosso caminho rumo à libertação interior. O terreno sólido para o qual sempre retornamos é: você está aí; você sabe que está aí; e sempre soube que estava aí. No entanto, você não se concentra no fato de estar aí porque está absorto demais no que está acontecendo, tanto interna quanto externamente. Perde-se nos objetos da consciência, em vez de focar em sua fonte. O despertar espiritual envolve dissociar a consciência de tais objetos. Para isso, é de suma importância entender a natureza dos objetos com os quais lidamos diariamente.

Iniciamos nossa exploração pelo mundo exterior. O que nos chega pelos cinco sentidos constitui uma parte significativa da nossa experiência diária. Um fluxo interminável de imagens, sons, sabores, cheiros e toques nos inunda diariamente. Se quiser explorar como é ser *Você*, o ser consciente que habita seu interior, você precisa se dedicar a entender completamente o mundo exterior, que compõe uma parte fundamental da sua vida. O que realmente existe lá, de onde esse mundo veio e como você se relaciona com ele?

Vamos começar explorando seu relacionamento com o mundo ao seu redor. Comecemos fazendo uma afirmação da qual você provavelmente vai discordar: *O momento que está diante de você agora não tem absolutamente nada a ver com você.* Antes de protestar, dê uma olhada no que se apresenta à sua frente. Não faça nada. Não reflita sobre o assunto nem tente ser positivo. Simplesmente observe que existe um momento diante de você. Agora olhe para a esquerda; você vai encontrar um momento diferente ali. Ao olhar para a direita, outro momento diferente. Esses momentos estavam aí antes de você olhar para eles e continuarão no mesmo lugar quando você não estiver mais olhando. Quantos momentos estão acontecendo no mundo agora sem que você os esteja observando? E no universo inteiro? Admita: esses momentos não têm nada a ver com você. Eles pertencem a si mesmos e a tudo que os cerca. Não foi você quem os criou, e não é você quem os faz ir e vir. Eles simplesmente estão por aí. O momento diante de você é apenas outro momento no universo que existe mesmo quando você não está olhando para ele. Não é nada pessoal.

No entanto, o momento diante de você não parece impessoal, muito pelo contrário. E é isso que às vezes causa tantos problemas. Você sofre quando o momento não é como você desejava e se alegra quando ele lhe agrada. Como veremos mais adiante, isso acontece por causa de algo que você mesmo traz – não é algo intrínseco ao momento. Um instante no universo é simplesmente um instante no universo; é você quem leva suas preferências para cada um deles e lhes confere um caráter pessoal.

Estamos apenas começando a ver como é difícil abrir mão da nossa maneira habitual de ver as coisas. Admitimos sem problemas que o que está acontecendo em Tombuctu neste exato momento não tem nada a ver conosco. Também não temos problema algum em admitir que os anéis de Saturno, a grande tempestade de Júpiter e as areias de Marte nada têm a ver com a gente. Em outras palavras, mais de 99,99999% do universo não tem nada a ver com a minha vida e com a sua, mas, por algum motivo, 0,00001% tem. Que 0,00001%? A parte que está à nossa frente. De algum modo, quando você olha para um momento, ele deixa de fazer parte do universo impessoal. Ele se torna pessoal para você.

O problema é que você passa a vida inteira atribuindo grande importância ao momento que tem diante de si, injetando nele suas preferências pessoais. Observe que os bilhões de pessoas que não estão olhando para este exato momento diante dos seus olhos não se incomodam com ele. Aliás, não dão a mínima. Elas não pensam sobre ele; ele não lhes desperta emoções. Quando você não estiver mais vivenciando este momento, também não se sentirá incomodado. Na verdade, você se incomodará com o novo momento para o qual voltou sua atenção. "O que ela está fazendo sentada ali?" "Com quem está conversando?" "Essa luz está me irritando." De uma hora para outra, você passa a se sentir incomodado por esse novo momento porque está olhando para ele. A verdade é que ele era exatamente igual antes de você percebê-lo. *Uma das coisas mais importantes que você vai perceber é que o momento que você tem diante de si não o está incomodando – você é que está se incomodando com ele.* Não é nada pessoal. Quem está tornando tudo pessoal é você. Existem incontáveis momentos se desenrolando no universo o tempo todo, e sua relação com todos eles é exatamente a mesma: você é o sujeito, eles são o objeto.

Mas não basta constatar intelectualmente essa verdade para que as coisas mudem na sua vida cotidiana. Vamos dar um pulo no Fisherman's Wharf em São Francisco, de onde se tem uma vista deslumbrante do oceano Pacífico. Observando o lugar, pergunte-se se ele tem alguma coisa a ver com você. Você está vendo ondas, respingos, pode até avistar baleias ou leões-marinhos. Por acaso é isso que está se desenrolando diante de você agora. Se fosse outro dia, ou mesmo outro horário, você veria algo bem diferente. Mas isso não o incomodaria. Só o incomodaria se você chegasse lá levando consigo suas preferências pessoais. "Quero ver uma baleia." "Quero ver as famosas ondas gigantes." Com essas expectativas, você tem uma experiência muito diferente da que teria se simplesmente tivesse ido apreciar a vista. De um lado, você pode simplesmente desfrutar da experiência; de outro, tem que se esforçar para fazer com que o momento seja adequado às suas preferências pessoais.

Não é difícil aceitar que o oceano não tem nada a ver conosco e que podemos simplesmente admirá-lo. Afinal, geralmente não nos identificamos tanto assim com o oceano como fazemos com outros aspectos do nosso dia a dia. Mas não se engane: sua relação com o que está diante de você é sempre a mesma, esteja você observando o mar ou sua própria rotina. Essas coisas estão acontecendo por acaso num determinado momento, num lugar específico do universo, e calhou de você estar observando. Nada disso é pessoal. Mas, como insistimos em personalizar tudo, continuemos nossa exploração do mundo exterior examinando de onde ele vem e por que ele é assim.

7

O mundo em que vivemos

Se quiser saber de onde veio o momento que está diante de você, pergunte aos cientistas. Eles vêm pesquisando o assunto desde a época de Aristóteles e Platão. Desde o início da nossa existência, os seres humanos se perguntam: *De onde veio tudo isso? Do que é feito? Por que existe?* Se perguntarmos aos cientistas hoje, eles responderão que tudo aquilo que enxergamos no mundo exterior na verdade é um misto de objetos bem menores. Nossa visão e todos os outros sentidos são ponderações de estruturas moleculares. Como já discutimos neste livro, na verdade não estamos vendo o mundo; o mundo é que chega até nós através dos sentidos.

Para entender como isso funciona, vamos analisar a natureza da cor. O mundo, como o vemos, certamente parece ser colorido. Entretanto, além da luz em si, os objetos não têm coloração. É a luz refletida sobre eles que nos permite ver algumas cores. Constatamos isso quando examinamos um prisma. A luz que atravessa o prisma gera diferentes cores. É o que chamamos de *espectro eletromagnético*. A luz tem diferentes comprimentos de onda, e percebemos cada comprimento de onda visível sob a forma de cor. Lembra as cores do arco-íris: vermelho, laranja, amarelo, verde, azul, anil e violeta? Essas cores formam o espectro visível. Quando as ondas de luz atingem um objeto físico, os diversos átomos e moléculas desse objeto absorvem algumas frequências da luz e refletem outras. Os objetos em si não têm cor; é a luz refletida sobre eles que gera as cores que enxergamos. Isso exemplifica perfeitamente que a verdade nem sempre é o que parece ser. Retornaremos a essa questão muitas vezes ao examinarmos a verdadeira natureza de tudo o que a consciência vivencia.

Houve um tempo em que os cientistas acreditavam que o átomo era a menor unidade possível, que não poderia ser subdividido em partes menores. Hoje sabemos que o átomo é composto de elétrons, nêutrons e prótons. É a unidade básica de tudo o que vemos no nosso dia a dia. Façamos uma pausa aqui para nos divertir com nossa maneira muito peculiar de ver as coisas. Por exemplo, o que exatamente você quer dizer quando afirma que gosta de algo? Do que você está dizendo que gosta? Se diz que gosta da cor de determinada parede, na verdade está dizendo que gosta de parte do espectro eletromagnético, e não de outras. O mesmo se aplica a qualquer objeto externo. Será que você realmente gosta de alguns átomos, e não de outros? Estranho, não é mesmo? Mas é uma baita constatação, pois tudo aquilo que vemos na verdade não passa de um monte de átomos refletindo luz.

Após centenas de anos de estudo, os cientistas concluíram que os átomos se agrupam em moléculas por meio das leis de elos covalentes e iônicos. Parece complexo, mas na verdade são apenas leis do magnetismo determinando quais átomos se ligarão a outros. Essas leis, por sua vez, determinam aquilo que veremos no mundo exterior. A essa altura, você com certeza já sabe que não é nada pessoal. Não tem nada a ver com você. Não é você quem decide quais átomos ou moléculas vão se aglomerar naturalmente. Isso é algo que acontece no universo há bilhões de anos.

Os cientistas revelaram que existem atualmente 118 tipos de átomos no universo conhecido, dos quais 92 ocorrem naturalmente no nosso planeta. São os elementos que compõem a tabela periódica. Ela representa a base de tudo o que vemos, de tudo com o que interagimos a cada momento da vida. Isso não acontece apenas na Terra. Todas as estrelas, todos os planetas e tudo o mais que encontramos têm origem nesses elementos básicos. Você deve ter estudado ciências e química inorgânica na escola, mas será que aplicou o que aprendeu na vida real? O que vê diante de si é simplesmente o acúmulo de quantidades maciças de átomos, reunidos pelas leis da natureza. Ciência pura; não tem nada de pessoal. Seria uma insensatez completa se ofender com o fluxo de átomos que passam diante dos seus olhos. Por que se incomodar com a maneira como os átomos se unem? Não se preocupe: antes de terminarmos, vamos explorar os fenômenos que nos levam a acreditar que um amontoado de átomos está ali para nos aborrecer.

A partir de agora a coisa começa a ficar ainda mais interessante, pois a pergunta passa a ser: "De onde vêm os átomos?" É hora de questionar a origem da matéria. Compreender de onde ela vem pode nos fazer entender melhor nosso lugar no universo. Tudo o que acontece no nosso dia a dia resulta da nossa consciência, que observa elétrons, nêutrons e prótons se unindo para formar átomos e moléculas. Como é este o mundo em que vivemos, vamos explorar de onde veio tudo isso, adotando uma perspectiva de vida inteiramente nova.

8

A origem da matéria

Quando se trata de origem da matéria, os cientistas geralmente concordam com um modelo básico de criação. Acreditam que, há aproximadamente 13,8 bilhões de anos, houve uma explosão gigantesca chamada Big Bang. Antes dessa explosão, todas as galáxias e tudo em seu interior, toda massa e matéria do universo, caberiam num espaço menor do que um átomo. Veja bem, é a ciência moderna que diz isso, não uma teoria maluca. Com respeito e assombro, vamos ver como a ciência da criação pode nos ajudar a alcançar a libertação espiritual.

Depois do Big Bang, a energia em expansão era tão grande que nem sequer tinha forma. Era apenas radiação desenfreada. Numa fração de segundo, a partir desse campo de energia formaram-se partículas subatômicas. Nenhum elemento como conhecemos hoje poderia ter se formado, porque a radiação era quente demais e se expandia à velocidade da luz. Assim, durante uns 380 mil anos, o universo inteiro esteve disforme. Depois disso, a radiação resfriou o suficiente até chegar ao ponto em que as forças fundamentais da gravidade pudessem reunir partículas subatômicas para formar os primeiros átomos. Essas partículas subatômicas são conhecidas como elétrons, nêutrons e prótons. Tudo isso surgiu do campo de energia primordial e das partículas subatômicas que dele emanaram. A ciência moderna chama isso de *campo quântico*, e física quântica é a ciência que estuda as partículas subatômicas e como elas criam o que chamamos de matéria.

Os primeiros átomos foram de hidrogênio, o elemento que possui a estrutura mais simples: um elétron negativo e um próton positivo. Essas partículas são atraídas entre si pela força do magnetismo, formando um átomo. Quando os átomos começaram a se formar, massas e massas de espessas nuvens de hidrogênio se acumularam. À medida que essas nuvens foram perdendo densidade, partículas de luz subatômicas chamadas fótons começaram a escapar, e foi assim que surgiu a luz como a conhecemos. É curioso que a Bíblia diga que no início "a terra era sem forma e vazia; e havia trevas sobre a face do abismo" (Gênesis 1:2). Trata-se de uma imagem bem próxima da visão da ciência. No início, a luz não conseguia escapar das espessas nuvens de gás. Assim que a expansão as tornou menos densas, de repente "disse Deus: 'Haja luz'; e houve luz" (Gênesis 1:3). É impressionante a semelhança entre o início da Criação narrada no Gênesis e a versão apresentada na cosmologia moderna, fundamentada na ciência.

Agora que vimos de onde vêm os átomos de hidrogênio, podemos explorar a fonte dos outros elementos que compõem o nosso mundo. À medida que a expansão foi se desacelerando, mais uma força fundamental entrou em jogo: a força da gravidade. A gravidade, como bem sabemos, é a força que reúne objetos que possuem massa. Como os átomos de hidrogênio têm massa, à medida que eles foram se reunindo, a gravidade se tornou tão forte que fundiu dois átomos em um só. Quando dois núcleos de hidrogênio se fundem em um só, cria-se um átomo de hélio. Esse processo de fundir elementos mais leves em outros mais pesados chama-se *fusão nuclear* e vem ocorrendo no universo há centenas de milhões de anos.

É importante ressaltar que, toda vez que ocorre essa fusão de dois átomos, há uma liberação de grande quantidade de energia atômica. De uma hora para outra, explosões nucleares começaram a ocorrer no universo, liberando uma poderosa energia radiante. Foi assim que surgiram as chamadas estrelas primárias. A estrela nasce da fusão de dois átomos de hidrogênio, que liberam uma enorme quantidade de energia, gerando como subproduto átomos de hélio. Podemos pensar no gás hélio como a cinza deixada para trás no processo de fusão do hidrogênio. Quando as nuvens de gás hidrogênio ficaram mais espessas após o Big Bang, as primeiras estrelas primárias começaram a queimar. É assim que nasce uma estrela, literalmente. As estrelas que vemos hoje nasceram do processo de fusão do hidrogênio.

Embora tudo isso tenha começado há 13,8 bilhões de anos, hoje temos meios de comprovar cientificamente esse processo. Neste exato momento nascem novas estrelas, e podemos observar o nascimento delas. Se você tiver um binóculo capaz de enxergar a Nebulosa de Órion, verá gases com estrelas brilhando em seu interior. Nebulosas, como a Órion e a Cabeça de Cavalo, não são apenas belas imagens de nuvens de gases coloridas e brilhantes. São berços de estrelas. O mesmo processo que aconteceu há 13,8 bilhões de anos dá origem a novas estrelas que nascem dentro dessas nuvens de gás. As estrelas nascem e, como veremos, também morrem, num ciclo de vida que espelha o que ocorre aqui na Terra.

Até agora, em nossa exploração, limitamos o universo aos gases hidrogênio e hélio e às estrelas brilhantes que iluminam o cosmos. Mas o mundo exterior com o qual interagimos diariamente é muito mais complexo. Para entender isso, precisamos antes analisar de perto o ciclo de vida das estrelas. À medida que os gases de hidrogênio no interior da estrela continuam se fundindo, a gravidade atrai o hélio produzido para o núcleo da estrela, pois o hélio é mais pesado que o hidrogênio. Isso aumenta a força gravitacional do núcleo de tal maneira que acaba deslocando o fluxo externo de radiação das explosões causadas pela fusão do hidrogênio. É assim que as estrelas permanecem estáveis. E o que acontece quando acaba o hidrogênio para fusão na estrela? Ela começa a morrer.

Nas fases iniciais do processo de morte, qualquer hidrogênio restante fora do núcleo inflama e se expande para o exterior, criando uma "gigante vermelha" muitíssimo maior do que a estrela original. Coloquemos esse fenômeno em perspectiva: quando uma estrela do tamanho do Sol começa a ficar sem hidrogênio para queimar, ela se expande e se transforma numa gigante vermelha grande o bastante para engolir a Terra. Não se preocupe: os cientistas calculam que o nosso Sol tem hidrogênio suficiente para queimar por mais 5 bilhões de anos.

Enquanto isso, à medida que a estrela deixa de realizar a fusão do hidrogênio, a força gravitacional do núcleo de hélio vai se intensificando, pois já não existem mais explosões para deslocar essa força. A estrela começa então a colapsar sobre seu núcleo. Dependendo do tamanho original da estrela, seu núcleo inteiro se torna grande o suficiente para começar a fundir o hélio em elementos mais complexos, como carbono. O processo de fusão desses elementos mais complexos reinflama a estrela, que esquenta ainda mais. Dependendo do tamanho da estrela, esses "estertores da morte" manifestam-se repetidas vezes. Ciclo após ciclo, gera-se um número cada vez maior de elementos complexos como subproduto da fusão de elementos mais leves, até que, por fim, a estrela começa novamente a entrar em colapso e o combustível acaba. Sempre que ocorre esse ciclo de morte, são criados mais elementos da tabela periódica.

O número de ciclos de morte e renascimento de uma estrela depende de seu tamanho original. Quanto maior ela for inicialmente, maior será a força gravitacional exercida durante seu colapso, e maior a força disponível para reacender o processo de fusão de elementos mais complexos. Na maior parte das estrelas, o processo se encerra quando o subproduto da fusão é o ferro (o elemento 26 da tabela periódica). Isso ocorre porque o ferro absorve mais calor durante a fusão do que o processo de fusão cria por si só. Com isso, o ferro não sustenta a reação de fusão. Estrelas grandes normalmente avançam até que seu núcleo de ferro seja cercado pelas cascas dos elementos restantes dos ciclos anteriores que não foram totalmente queimadas. É assim que são criados os elementos mais leves da tabela periódica (1 a 26), ou seja, do hidrogênio ao ferro.

Por mais interessante e instrutivo que tudo isso seja, lembre que a finalidade dessa discussão é ver de onde vem o "mundo exterior". Por mais impressionante que pareça, os elementos que compõem nosso mundo foram criados nas estrelas. Vejamos o corpo, por exemplo. Já explicamos de onde vieram os elementos que compõem o corpo humano: são subprodutos diretos daquilo que faz as estrelas brilharem. Quase 99% da massa do corpo humano é composta de seis elementos: oxigênio, carbono, hidrogênio, nitrogênio, cálcio e fósforo. Todos eles são mais leves do que o ferro; portanto, foram produzidos pela combustão de estrelas comuns. Isso é fato, não teoria. Os cientistas estudaram todas as fases do ciclo de vida das estrelas, e por isso sabemos do que elas são feitas. Apesar disso, há quem pergunte: "Mas esses dados científicos refutam minha crença de que Deus criou o universo?" A resposta adequada seria: "Claro que não. Simplesmente mostram *como* Deus criou todas as estruturas do universo."

As estrelas foram as fornalhas usadas para criar o cosmos. Cada átomo com o qual interagimos foi criado nas estrelas, e neste exato momento bilhões e bilhões delas estão criando mais elementos. Em Pittsburgh existem fornalhas operando em altíssimas temperaturas para forjar aço, material usado na construção dos nossos enormes arranha-céus. Assim também são as estrelas: fornalhas nas quais foram forjados os átomos com os quais nos deparamos todos os dias. Minha esperança é que, depois dessa explicação, você veja as estrelas de um jeito totalmente diferente.

9

O poder da criação

Agora que já vimos como as estrelas comuns criam os elementos mais leves do nosso mundo, podemos voltar nossa atenção para um tópico ainda mais fascinante: como são criados os elementos mais pesados da tabela periódica, como ouro, platina e prata. Os elementos mais pesados são aqueles com número atômico superior ao do ferro, ou seja, maior que 26. O ferro é a linha divisória porque absorve mais calor do que libera durante a fusão e, com isso, não emana calor suficiente para impedir que uma estrela entre em colapso. A não ser que a estrela original seja excepcionalmente grande (uma "supergigante vermelha"), ela vai acabar morrendo quando chegar a um núcleo de ferro.

O que acontece durante a morte de uma supergigante vermelha é um dos eventos mais impressionantes do universo conhecido; é o que gera a fonte de energia necessária para criar os elementos mais pesados. Se a estrela for grande o suficiente antes de entrar em colapso, a intensidade desse colapso pode, de fato, esmagar os átomos em seu núcleo. Em vez de fundir os átomos, essa força tremenda empurra os elétrons para o núcleo em si. Como os elétrons têm carga negativa e os prótons no núcleo têm carga positiva, eles se atraem um ao outro, formando os nêutrons, que não têm carga positiva nem negativa. Uma vez que isso acontece, tudo o que resta no núcleo de ferro passa a ser uma massa de nêutrons. Já não resta nenhum átomo, pois não há elétrons nem prótons. A intensidade do colapso dessa enorme estrela, da qual restam apenas nêutrons, destrói a estrutura da matéria tal como a conhecemos.

O que resta é uma estrela de nêutrons, de tamanho mínimo, mas com uma massa imensa. As estrelas de nêutrons têm mais ou menos o tamanho de uma cidade, mas sua massa pode ser 300 mil vezes maior que a do nosso planeta. Sua densidade é tamanha que uma colher de chá dessa estrela pesaria 5 trilhões de quilos aqui na Terra.

A energia liberada pelo colapso do núcleo da estrela até que restem apenas nêutrons tem tal intensidade que cria uma explosão colossal, chamada *supernova*. A explosão é tão intensa que uma única supernova emite mais luz do que todos os bilhões de estrelas da galáxia reunidos. É a explosão mais forte e mais brilhante que já se descobriu no universo.

Acontece que a enorme energia gerada durante a explosão de uma supernova é exatamente o que é necessário para criar os elementos restantes do nosso dia a dia. O que a força da gravidade não conseguiu fazer durante a criação dos elementos mais leves, a explosão maciça de uma supernova é capaz de fazer: fundir os elementos mais pesados. Da próxima vez que você olhar para sua aliança de ouro ou abrir uma lata de estanho, lembre-se de que a existência desses elementos exigiu a energia combinada de bilhões de estrelas.

Somos cercados de inúmeros objetos com os quais interagimos diariamente. Desde arranha-céus enormes até o menor clipe de papel, todos chegam aos nossos sentidos sem esforço algum. Os átomos são a matéria básica de cada um deles. Agora você entende de onde vieram esses átomos e sabe que não foi você quem os criou; eles foram criados nas estrelas. Só isso bastaria para nos sentirmos pequeninos e nos assombrarmos com o poder da criação que se manifesta diante de nós. Minha esperança é que essa profunda noção de humildade e admiração ajude você em sua jornada espiritual rumo à liberdade.

10

Não é nada pessoal

Acabamos de ver de onde vem o mundo ao nosso redor. Tudo começou com o Big Bang; depois, todos os tipos de elementos foram criados através do processo de fusão atômica. Quando as estrelas explodem e morrem, toda a matéria que se acumula em sua "casca" externa é soprada para o espaço interestelar. Carbono, oxigênio, silício, ouro e prata ficaram flutuando como nuvens de elementos no espaço até a gravidade os unir para formar os planetas. Foi assim que o planeta Terra se formou com seus 92 elementos naturais, todos eles forjados nas estrelas. Esse processo já dura mais de 13 bilhões de anos, e tudo aquilo com que interagimos no nosso dia a dia é composto por essa "poeira estelar", inclusive o nosso corpo. Essa é a verdade, uma verdade que deve ser lembrada e contemplada regularmente.

Vamos recapitular um pouco. Começamos percebendo que sempre há um momento à nossa frente. Basta abrir os olhos, e ali está ele. De onde ele veio? Agora sabemos. O momento diante de nós veio das estrelas. Os átomos foram criados juntos nas fornalhas solares e então reunidos nesta massa que chamamos de Terra. Você estudou o que aconteceu em seguida nas aulas de ciências. Os elementos se uniram para formar moléculas estáveis, como H_2O, graças às leis do eletromagnetismo. É por causa dessas leis que existe água nos oceanos. À medida que outras moléculas mais complexas se formavam, elas foram criando a sopa primordial que originou os organismos vivos. Cada parte de cada célula do seu corpo é composta de elementos criados nas estrelas, bilhões de anos atrás.

Isso explica de onde seu corpo veio, mas não explica de onde *Você* veio. Você não é feito de átomos; você é a consciência que está ciente dos objetos que são feitos de átomos. Seu corpo pode ser o resultado do longo processo da evolução darwiniana, mas e você? De onde você veio, como foi que entrou aí, e por que motivo? As ciências naturais podem explicar o mundo exterior, mas e aqui dentro? É exatamente isso que vamos abordar nos próximos capítulos.

As descobertas da ciência sobre a realidade deveriam nos fazer respeitar ainda mais a criação, não menos. Só o fato de sermos capazes de explicar esses eventos fenomenais já deveria nos impressionar. Basta ver no que tudo resultou, passados 13,8 bilhões de anos. Ouse olhar sob esse ângulo para o que está à sua frente. Agora que você sabe de onde tudo veio, preste atenção. O que está diante de você é absolutamente sagrado.

Agora se pergunte o que esse processo de criação teve a ver com você. Você teve alguma participação nisso? Você ainda vai estar por aí nos próximos bilhões de anos fazendo tudo acontecer, em todos os lugares? Claro que não. O universo é um sistema fenomenal de causa e efeito. O que foi causa o que é; o que é causa o que será. Isso acontece no universo desde o início dos tempos. Cada momento que você presencia levou bilhões de anos e dependeu de uma cadeia muito específica de acontecimentos para se manifestar.

Para entender melhor o que isso significa, pense na história da sua família. Se sua tataravó não tivesse conhecido seu tataravô, você não estaria aqui. E ponto-final. Imaginemos como eles se conheceram, para você ver como tudo depende de tudo. A história começa lá atrás, na época dos dinossauros. Depois de uma tempestade atroz na região que hoje é o centro-sul da Flórida, havia um enorme dinossauro vagando. Ao pisar no solo molhado com suas enormes patas, esse dinossauro deixou uma gigantesca marca na lama. Com o tempo, a água da chuva se acumulou nessa marca profunda, e a terra ao seu redor começou a sofrer um processo de erosão. Com o passar das eras, a área alagada cresceu tanto que se tornou o que hoje chamamos de lago Okeechobee.

Milhões de anos depois, atraída pela água doce e pelos peixes e outros animais, o povo mayaimi se assentou na região. Séculos se passaram, e colonos espanhóis construíram um vilarejo à beira do lago. Sua tataravó era descendente dos mayaimi, e seu tataravô estava visitando o pequeno assentamento espanhol. Num dia chuvoso, seu tataravô estava bebendo na taverna local. Estava tão bêbado quando saiu da taverna que mal notou sua tataravó andando pelo povoado, encharcada de chuva. Ele tropeçou numa escada e caiu; sua tataravó escorregou na lama e caiu em cima dele. Bem, eles se olharam, começaram a rir, e foi amor à primeira vista. O resto é história.

Em outras palavras, se o dinossauro não tivesse andado por lá milhões de anos atrás, se o povo mayaimi não tivesse se assentado ali, se os espanhóis não tivessem construído o vilarejo, se não houvesse chovido naquele dia, se seu tataravô não tivesse caído bêbado no local exato onde sua tataravó escorregou na lama, você não estaria aqui, e muitas outras coisas não teriam acontecido. Tudo é resultado de algo que aconteceu ao longo do tempo e do espaço. Você não faz a realidade, simplesmente a vivencia.

Se isso é verdade, e é, seria muita tolice pensar: "Foram necessários 13,8 bilhões de anos para este momento acontecer, e tudo teve que suceder exatamente como sucedeu, mas não estou gostando disso." Chega a ser engraçado. É como dizer que você não gosta que Saturno tenha anéis.

Agora você entende a importância de explorarmos a origem

do que está à sua frente? Este momento não tem nada a ver com você; é resultado de trilhões de fatores que o fizeram ser do jeito que ele é. Este é nosso primeiro encontro com o verdadeiro significado de entrega e aceitação. Você não abdica do mundo exterior. Você o aceita totalmente, abdicando, sim, de seu julgamento pessoal a respeito dele. Se lhe perguntassem se você se incomoda com o fato de Saturno ter anéis, é provável que você nem sequer soubesse o que dizer. "Mas o que tenho a ver com isso? Que pergunta mais maluca." A verdade é que tudo é assim. Nada tem a ver com você. Tem a ver com as forças que fizeram com que as coisas fossem do jeito que são, e essas forças remontam a bilhões de anos. A aceitação total dessa verdade é a entrega. É preciso abandonar esse seu lado que acha que tem o direito de gostar e não gostar do resultado de bilhões de anos de interações. Entregar-se é se livrar desse seu lado que não está vivendo a verdade. Eis a verdadeira rendição.

Você vai acabar percebendo que este exato momento é sagrado. Nossa explicação científica sobre a origem de tudo é, na verdade, altamente espiritual. Os físicos quânticos estão investigando como o universo inteiro emana de um campo de energia onipresente e indiferenciado: o campo quântico. Estão nos mostrando que tudo é feito de luz. Isso costumava ser um conceito estritamente espiritual. Nossos cientistas são nossos sacerdotes. Estão nos ensinando que a força subjacente da criação criou a criação. A ciência nos mostra que cada momento antes de nós merece muito respeito. Uma pessoa espiritualista entende essas verdades e as incorpora à sua existência, passando a viver de acordo com elas.

Se foram necessários 13,8 bilhões de anos para este momento se manifestar, e se foram necessários 13,8 bilhões de anos para você presenciá-lo, então cada momento é mesmo divino. Ninguém mais está aí vivenciando exatamente a mesma experiência que você. A verdade é que ninguém nunca fez isso e nunca fará. Este exato momento nunca mais voltará a existir. Todos os momentos continuam passando pelo tempo e pelo espaço. Você está ganhando de presente um espetáculo único, que levou bilhões de anos para ser criado – ele está bem aí na sua frente, e você ainda reclama. Todos achamos que temos boas razões para reclamar. A intenção desta nossa jornada juntos é desconstruir essas razões, quaisquer que sejam.

Cada momento que você vive é um presente da criação. Há formas, cores e sons. Há pessoas e muitas coisas para fazer. Não é assim em Marte nem em qualquer outro lugar que tenhamos identificado até agora na exploração do universo. Mas não vivemos nossa vida com um sentimento constante de apreço e gratidão. É por isso que essas discussões sobre cosmologia e física quântica são espirituais. Elas tiram de você o direito de tornar tudo pessoal, porque nada é pessoal mesmo. Sua consciência pode estar observando este momento, mas não foi você quem o criou. Você está simplesmente tendo a oportunidade maravilhosa de vivenciar um momento na criação que levou bilhões de anos para chegar até aqui, portanto, não o deixe passar.

As pessoas contrapõem ciência a Deus com muito estardalhaço, como se estivessem em polos opostos. O verdadeiro problema é que, na verdade, elas não acreditam nem numa coisa nem em outra. Se você acreditasse que a ciência explica a criação de tudo, viveria sua vida com a consciência constante de que tudo à sua volta emana do campo quântico, reunindo-se em átomos e moléculas, para só então surgir de determinada forma diante de você. Não ia gostar nem desgostar da realidade; ficaria maravilhado diante de tudo. Do mesmo modo, se realmente acreditasse num Deus criador de todas as coisas, viveria admirado e grato diante da maravilha da Criação divina. Não ia gostar nem desgostar dela; ficaria maravilhado com a mera existência do universo.

Vivemos num mundo onde uma semente cai no chão e tem em si uma substância química que lhe permite quebrar as moléculas de terra e água, misturá-las com a luz solar e combiná-las para gerar uma espiga de milho ou uma árvore. Aprendemos na escola que essa "substância química inteligente" é a complexa molécula de DNA. De onde veio essa incrível estrutura molecular? Todos os seus elementos foram forjados nas estrelas e, naturalmente, reunidos na estrutura do DNA pelas quatro forças fundamentais (gravidade, eletromagnetismo, força nuclear forte e força nuclear fraca). A inteligência humana nada tem a ver com a criação do DNA, mas o DNA é responsável por toda a vida vegetal e animal na Terra. A perfeição do mundo em que vivemos deveria nos surpreender a cada instante. Mas estamos tão obcecados em tornar tudo pessoal que deixamos de apreciar tanto a grandeza da ciência quanto a grandeza de Deus.

Começamos nossa jornada nos perguntando como é estar aí dentro. Você sabe que está aí dentro, mas do que são feitas as experiências que você está vivenciando? Para responder a essa pergunta, exploramos a origem e a natureza do mundo exterior que habitamos. Espero que, a essa altura, você tenha mais respeito e apreço por ele. Cada momento que você presencia é especial. Vale a pena treinar nossa gratidão e observar o efeito que ela produz em nossa vida.

A seguir, vamos trabalhar com a mente e os pensamentos, e depois com o coração e as emoções. Eles não nos chegam através dos sentidos, mas com certeza os vivenciamos. À medida que explorarmos cada um deles, camada por camada, será mais fácil chegarmos a um estado de aceitação e entrega. Lembre-se: você não está abrindo mão da vida; está renunciando à sua resistência a ela. Podemos usar o termo *mindfulness*, ou *atenção plena*, como sinônimo para a consciência constante do que realmente está acontecendo ao seu redor e dentro de você. Você não estará apenas consciente da aparência das coisas; estará consciente também da verdadeira natureza delas: de onde vêm, por que são do jeito que são e o que foi necessário para que se manifestassem. Quando deixamos de lado as distrações pessoais, a atenção plena se torna um processo natural que dispensa qualquer esforço. Em vez de pensar que um momento tem que ser de determinada maneira, você começa a pensar que é maravilhoso que ele seja assim, do jeitinho que é. Na verdade, é maravilhoso que ele sequer exista.

De agora em diante, não se esqueça de agradecer por tudo que vê, por todas as suas experiências. E não se esqueça de honrar as estrelas. Elas não são apenas pontos brilhantes no céu noturno. São as fornalhas do universo. Elas criaram tudo para nós. É hora de agradecer, não acha? Hora de constatar e valorizar essa verdade, e entender que você não fez nada para merecer as árvores, os oceanos e o céu. Você nem sabe de onde veio. Está simplesmente aí dentro, vivenciando esse presente incrível que se desenrola à sua frente. *Isto é espiritualidade: entrar em harmonia com a realidade, não com seu eu pessoal.*

PARTE III

A mente

11

Mente vazia

Você é um ser consciente, que observa o mundo através dos sentidos. Mas a consciência não se limita ao mundo exterior. Há também experiências que vivemos dentro de nós mesmos. Às vezes, quando interagimos com o mundo, ficamos bem. Mas também ficamos péssimos de vez em quando. Se o mundo à nossa volta é composto meramente de estruturas de átomos, por que nos sentimos assim em nosso íntimo? Como pode um amontoado de moléculas nos desconcertar tanto? O que será que acontece?

Somos capazes de vivenciar três coisas distintas: o mundo exterior, a mente e as emoções. Agora que analisamos profundamente a natureza do mundo material, vamos iniciar nossa jornada rumo à compreensão do segundo objeto da consciência: a mente. O que é a mente? Todos sabemos o que ela é. Estamos aqui vivenciando-a todo santo dia. Em seu sentido mais amplo, a mente é o lugar onde vivem os pensamentos – e eles a habitam o tempo todo. "Por que o motorista está indo tão devagar? Vou acabar me atrasando. O que faço agora?" Pensamentos existem, sem dúvida, mas onde eles acontecem? Por mais que tentem, os cientistas não conseguem ler nossos pensamentos. Mas você consegue ler os seus. Não existe uma só máquina feita pelo ser humano, por mais sofisticada que seja, capaz de ler o que você pensa. Você, no entanto, consegue ler sem esforço algum. É um poder impressionante.

Pare um pouco para refletir sobre isso. Sua consciência tem a capacidade de captar coisas que máquinas não conseguem: pensamentos e emoções. Esses objetos da consciência certamente existem, mas não como os definimos no mundo "físico". Os cientistas nos mostraram que o universo inteiro se resume a energia. Pensamentos e emoções são simplesmente energia vibrando numa intensidade tal que máquinas não conseguem detectar. Um dia talvez isso seja possível. Raios gama, raios X ou até a luz infravermelha não podiam ser detectados até que inventamos equipamentos capazes de fazer isso. Quando essa possibilidade se mostrou verdadeira, os cientistas não classificaram essas radiações de alta frequência como algo externo ao nosso mundo. Não, eles simplesmente ampliaram a definição de espectro eletromagnético para incluí-las. As frequências mais altas, mais sutis, sempre existiram; nós é que não conseguíamos observá-las.

Da mesma maneira, seus pensamentos existem e sempre existiram. Imagine que um cientista dissesse: "Não, os pensamentos não existem. Se não consigo detectá-los, eles não são reais." O que você faria? Certamente viraria as costas e daria risada, pois sabe que seus pensamentos existem. Você, a mesma consciência que discutimos aqui, tem a capacidade de prestar ou não atenção nos pensamentos que estão sendo criados nesse nível mais sutil de vibração de energia. Com o passar dos anos, esse nível mais elevado de vibração passou a ser chamado de *plano mental*.

As perguntas sobre a mente são inúmeras. Por exemplo, o que são os pensamentos e de onde eles vêm? Como os cientistas não têm acesso direto ao que você pensa, só você pode dar as respostas. É você quem está aí, e é você quem tem a capacidade de analisar sua própria mente. É você quem fala "minha mente isso", "meus pensamentos aquilo". Diz: "Tive um pensamento horrível dias desses" ou "Meus pensamentos estão me incomodando muito ultimamente". Como você sabe que teve um pensamento horrível? Como sabe que seus pensamentos o incomodam? Você está aí, por isso sabe como é estar aí, vivenciando os pensamentos. É capaz de ver a mente como um campo de energia de altíssima vibração no qual os pensamentos são criados. Mente e pensamento são conceitos distintos. Mente é o campo de energia no qual os pensamentos existem. Assim como céu e nuvem são coisas distintas, embora as nuvens existam no céu e sejam formadas por substância celeste, mente e pensamento não são a mesma coisa, embora os pensamentos existam na mente e sejam formados por substância mental.

Os budistas falam em *mente vazia*. Em seu sentido mais puro, é a esse conceito que nos referimos quando usamos o termo "mente". É um campo de energia onde não há nada, nem pensamentos. É apenas um campo sem forma, totalmente parado. E não se trata apenas de um conceito; podemos ir até lá. Os adeptos da meditação que se aprofundaram na prática sabem disso. É possível esvaziar a mente. É possível estar aí, mas sem pensamento algum. Silêncio total, vazio completo. É como um supercomputador sem qualquer programa instalado – apesar de potente, ele não faz nada. A mente vazia é isso. Não é que ela seja ineficiente; na verdade, sua capacidade latente é enorme. Ela apenas se aquietou, sem criar pensamentos. É a isso que os budistas se referem quando falam em mente vazia, e será nosso ponto de partida para entender a mente como um todo.

O mundo exterior existe independentemente dela. Esteja a mente quieta ou agitada, o planeta continua girando no próprio eixo e as galáxias continuam flutuando no espaço. A energia que compõe o plano físico vibra numa frequência mais elementar que a energia do plano mental. Você sabe, por experiência própria, que a consciência é capaz de estar ciente tanto do plano físico quanto do plano mental ao mesmo tempo.

Agora que examinamos o conceito de mente vazia, vamos iniciar o processo de formar objetos no campo da mente. Para que pudesse ficar ciente do plano físico, você aí, a consciência, ganhou um corpo físico que abriga os cinco sentidos: visão, audição, olfato, paladar e tato. Esse corpo é um presente que as estrelas lhe deram e a evolução aperfeiçoou. É pelos sentidos que as vibrações do mundo exterior chegam até nós. Elas passam pelos receptores sensoriais, sobem pelos nervos sensoriais, chegam ao cérebro e se manifestam na mente, onde as vivenciamos. Essa representação do mundo exterior é uma das funções mais básicas da mente. É como se você assistisse pela TV a um jogo de futebol que está acontecendo em outro país. As vibrações da luz e do som são captadas pelas câmeras que filmam o jogo, que são depois digitalizadas e transmitidas a um receptor na sua casa. Os sinais recebidos são então transmitidos para a tela da sua televisão. Parece que você está assistindo ao jogo, mas não está. Está assistindo à transmissão dos sinais que foram captados pelas câmeras.

É impressionante como isso representa o que acontece quando "vemos" o mundo ao nosso redor. Nossos sentidos captam as vibrações do mundo exterior, exatamente como os sensores de uma câmera. No caso dos sentidos, entretanto, captamos cinco tipos de vibração diferentes, não apenas da visão e da audição. Os sentidos transformam as diversas vibrações em impulsos nervosos elétricos e os transmitem ao cérebro. Os sinais são então processados no campo de energia da mente, de modo a reproduzir da maneira mais fiel possível a fonte física original. Você observa o que está acontecendo à sua volta através da imagem mental transmitida à sua mente, assim como assiste ao jogo de futebol que está acontecendo em outro país através do que é transmitido na tela da sua televisão.

Você não está lá fora no mundo. Está aí dentro. Nas suas profundezas. Ainda que o mundo esteja acontecendo em toda parte, você só vivencia o que é captado pelos sentidos e transmitido à sua mente. Agora a mente já não está mais vazia; transformou energia na imagem mais exata possível dentro das limitações dos seus sentidos. Como vimos, você não está olhando diretamente para o mundo. É o mundo que está sendo reproduzido na sua mente; o que você vê é essa imagem mental. Isso não é muito diferente de sonhar. No sonho, as imagens são criadas na mente e você as observa. Quando estamos acordados acontece a mesma coisa, só que nesse caso as imagens mentais são geradas pelos sentidos, e não pela mente em si. Essas imagens que se formam na mente são como as imagens que se formam na tela da TV. Antes não aparecia nada na tela, mas agora ela exibe um jogo que está acontecendo em outro canto do planeta. Da mesma forma, sua mente estava vazia, mas agora transmite o mundo ao seu redor.

Sua mente é brilhante. A televisão tem um processador que recebe o sinal digital, o decodifica e o reproduz na tela e nos alto-falantes. A mente capta os impulsos elétricos codificados e reproduz a tela inteira diante de você, com noção de profundidade, além de tato, olfato e paladar. Reproduz todos os detalhes feitos da vibração de energia superior da mente. A projeção exata do mundo exterior é uma das suas principais funções. É o que nos permite ter experiências. A mente é um presente e tanto. Não tem forma, mas pode criar formas que são ainda mais brilhantes do que aquelas geradas pelo computador mais avançado. A mente é, de fato, o primeiro computador pessoal. Na verdade, é tão pessoal que não precisa se materializar. A tela fica aí dentro, os recursos gráficos e de processamento são internos, e não precisamos de teclado, de mouse ou de sistema de reconhecimento de voz para nos comunicarmos com ela. É tão próxima que responde ao nosso desejo e ao menor impulso do coração.

Passamos de uma mente vazia a uma mente que processa o mundo exterior, que nos permite experimentar o que está ao nosso redor. A experiência é o néctar da vida. Você está aí e é capaz de sentir isso por causa da capacidade de processamento e reprodução que sua mente possui. De que vale a vida se não a vivenciamos? Passamos muito tempo discutindo como foi criado o universo – bilhões de anos de atividade estelar que resultaram no mundo ao seu redor. Você viu como tudo isso foi criado; agora está vendo como a consciência, que não pertence ao mundo da forma, pode vivenciar esse mesmo mundo: pelo milagre da mente.

Na verdade, a consciência é o milagre mais profundo. Uma essência que sabe que sabe que sabe. Tudo o mais são coisas que captamos – a verdadeira magia está na consciência em si. Quando a consciência está simplesmente vivenciando a realidade como ela é projetada, chamamos isso de *estar no momento presente*. A essa altura da nossa discussão, não podemos nos encontrar de outra maneira. O mundo real está lá fora, está sendo refletido na sua mente, e você observa essa imagem bem diante de si. Nesse estado básico, você está vivenciando o que foi feito para vivenciar: o dom do momento que lhe está sendo concedido. Ele chega até você e você aprende com ele pelo simples fato de o estar vivenciando. Não há distrações; há apenas a comunhão total com este exato momento.

Todo mundo já teve momentos raros como esse. Talvez tenha sido necessário um belo pôr do sol para despertar em você um estado de consciência total. Você estava dirigindo por uma estrada quando, ao fazer uma curva, deu de cara com um crepúsculo em tons de roxo, amarelo e vermelho. Foi a coisa mais linda que você já viu e o deixou em estado de êxtase total. O que significa êxtase total? Significa que não havia mais nada em sua mente, apenas a imagem do sol se pondo. Nada de contas a pagar, nada de problemas com o namorado, nada de preocupações do passado. A única experiência que você vivenciou foi esse fim de tarde que lhe chegou através dos seus sentidos, foi processado em sua mente e fundiu-se ao seu ser. Sua consciência inteira estava centrada e focada na experiência, em vez de estar espalhada por toda parte. Foi uma verdadeira experiência espiritual.

É isso que o clássico *Os Yoga Sutras de Patanjali* descreve como a união entre o experienciador e a experiência. Você permitiu uma fusão entre sujeito e objeto. Não há nada distraindo sua consciência do que está acontecendo bem à sua frente. Na tradição do yoga, chamamos isso de *dharana,* concentração total.

Você já deve ter tido outras experiências que se aproximaram desse estado de absorção completa. Às vezes, em momentos de total intimidade com a pessoa amada, quando tudo está perfeito, você se perde naquele instante. De repente, paz e beleza absolutas tomam conta de você. Quando a consciência se funde ao objeto da consciência, podemos sentir a presença de Deus. Na filosofia do yoga, o Eu é chamado de *sat-chit-ananda*, bênção da eterna consciência. Quando o Eu se concentra inteiramente em um só objeto, vivenciamos a natureza do Eu – paz total, contentamento e uma alegria estonteante. Podemos sentir isso a qualquer momento, basta aprendermos a entrar no estado de consciência total, sem distrações.

12

O nascimento da mente pessoal

Por que não vivemos num estado constante de êxtase, com a mente direcionada a um único foco? O que deu errado? O que causou nossa queda do paraíso?

A resposta é muito simples: o mundo chegou, e ele é belo. Qualquer interação com o mundo é altamente emocionante quando a sentimos com profundidade. No entanto, isso não significa que tudo seja sentido da mesma maneira. Calor e frio, por exemplo, são coisas diferentes – uma não é melhor que a outra, só não são sentidas da mesma forma. O que sentimos quando alguém nos faz carinho é muito diferente do que sentimos quando levamos um esbarrão. Coisas diferentes são vivenciadas de maneiras diferentes. Os budistas afirmam que tudo tem uma natureza própria. Você não enxerga uma cascavel do mesmo modo que enxerga uma borboleta pousada em seu braço. A cascavel está expressando a natureza dela, emitindo sua vibração específica. Essa vibração é, por si só, impressionante, mas com certeza não evoca a mesma experiência interior que a borboleta. Não há nada de errado nisso. É real e pronto. O que há de errado em termos experiências diversas? Uma borboleta que pousasse no seu braço com muita frequência se tornaria tão normal que mal seria notada. Deus soube como criar um mundo sempre interessante.

Sua consciência na verdade se expande por causa do conhecimento que flui para ela. Você aprende e cresce pelas experiências que tem. Esse aprendizado ao longo da vida é o verdadeiro crescimento espiritual. É a evolução da alma. Assim como tudo o que aprendemos nos torna mais inteligentes, cada experiência que temos nos torna mais sábios. Sejamos sinceros: notar uma cascavel por perto não é uma experiência interior das melhores. Não é o mesmo que sentir o roçar das asas de uma borboleta no braço, mas também é enriquecedor. É igualmente importante. Se você estiver disposto a se abrir nesse nível, é sinal de que ainda está no jardim idílico. Não existem problemas; existem apenas experiências de aprendizado. Não importa o que aconteça, você está se expandindo.

Infelizmente, não é assim que vivemos. Algo deu errado. Examinemos nossa queda do paraíso em câmera lenta. Primeiro, algo acontece; vamos começar pela cascavel. Não se trata de uma experiência particularmente agradável. Na verdade, o sibilar de uma cascavel tem o objetivo de ser desagradável mesmo, podendo até nos fazer sentir que nossa sobrevivência está em risco, o que seria uma forte reação interior ao mundo lá fora.

Entretanto, essa reação interior desconfortável não é ruim em si, é apenas uma vibração diferente, assim como algumas cores acalmam e outras incomodam. As cores não são boas nem ruins; são apenas frequências de vibração diferentes do espectro eletromagnético. É possível aprender a se sentir confortável com essas diferentes vibrações. A cascavel não vai ficar lá sibilando a vida inteira. Ela chega e vai embora – e as vibrações dela, que causam desconforto, vão chegar e ir embora também. E então outra coisa vai acontecer em seguida. Você vive num lugar repleto de experiências de crescimento. Você está aí simplesmente vivenciando a criação à medida que ela chega até você e vai embora.

Acontece que não praticamos esse nível de aceitação. Você, aí dentro, que está vivenciado o que é transmitido à sua mente – você tem capacidade de resistir a tudo aquilo com o qual não se sente à vontade. Você tem livre-arbítrio. E pode usar esse livre-arbítrio para empurrar para longe pensamentos e emoções que não lhe pareçam adequados. Aposto que você já fez isso. Essa resistência é um ato de vontade. A vontade é um poder inato que temos. Na verdade, é um poder que emana da consciência. Da mesma forma que o Sol ocupa seu lugar no espaço mas emana raios que têm grande potência, a consciência permanece em sua origem mas se manifesta em tudo aquilo em que foca. A consciência, quando enfoca algo, tem enorme força, assim como os raios de sol têm enorme potência quando passam por uma lente de aumento. Você pode sentir o poder da consciência unidirecional. Trata-se, de fato, da consciência concentrada. Eis a fonte do poder do arbítrio.

O poder do arbítrio desempenha um papel de suma importância para entendermos como a mente deixou de ser um lugar de clareza e se tornou um lugar de confusão. Você com certeza já notou que sua consciência não enfoca de maneira uniforme todos os objetos que lhe chegam à mente. Você presta mais atenção em alguns do que em outros. Você "gosta" de uns e "não gosta" de outros dependendo de quão agradável é a vibração que eles emitem. Esse é o alicerce a partir do qual a mente pessoal se desenvolveu: gostar e não gostar. Isso ocorre num nível bastante primal. Depende essencialmente do fato de você, aí dentro, ter capacidade de vivenciar algo que chega até você sem fazer nada a respeito, em vez de vivenciá-lo profundamente. Trata-se da capacidade de permitir que os objetos simplesmente passem por você.

Quando uma experiência interior não é neutra, ela atrai para si o foco da sua consciência. No momento em que isso ocorre, as coisas que passam pela sua mente deixam de ser iguais; uma delas se destacou das outras. Bastou você focar a sua consciência nela. Sua consciência é uma força, e você está focando essa força em determinado objeto mental. Quando a força da consciência se concentra num objeto, ele não consegue passar pela mente como todos os outros. Assim como os ventos solares interferem nos corpos celestes, a consciência focada é uma força que afeta os objetos que passam pela mente.

Ao pôr o foco da sua consciência em determinada forma mental, você impede que essa forma siga seu caminho. O simples ato de se concentrar nela a faz permanecer na sua mente. Você sabe disso. Quando quer fazer uma conta de cabeça, você se concentra nos números para que eles permaneçam aí tempo suficiente para serem calculados. Na verdade, sempre que quiser que algo continue na sua mente, você precisa focar sua consciência nisso, para que não vá embora. A concentração da consciência congela formas na mente para que elas não desapareçam. Assim, no momento em que você viu a cascavel, ela pode ter se tornado um item de destaque na sua mente. A verdade é que havia árvores, grama, o céu e muitas outras coisas projetadas além dela. Mas você concentrou sua consciência na serpente e deixou o resto passar. O curioso é que, justamente por ter concentrado sua consciência na cascavel, a experiência ficou congelada na sua mente. Você jamais deixaria essa experiência desconfortável adentrar você *por completo*; daí nasce a resistência.

Sabe o que quer dizer "deixar algo adentrar por completo"? Discutimos isso anteriormente quando falamos do belo pôr do sol e da experiência romântica perfeita. Você queria vivenciar inteiramente esses belos momentos, por isso se abriu e deixou que eles passassem profundamente pelo seu ser. São momentos especiais da vida, pelos quais você se sente muito tocado. Não tem a menor condição de você permitir que a cascavel chegue a esse ponto. É algo que você faz sem sequer pensar. A resistência é apenas uma resposta natural a algo que não é agradável. Algo do qual você tenta manter distância.

Você já manteve alguma coisa à distância aí dentro? Talvez alguém que o tenha magoado no passado, talvez uma época ruim da sua juventude, talvez um divórcio conturbado. É claro que sim, mas isso não significa que aquilo não tenha acontecido. Não estaria aí se não tivesse acontecido. Você não pode impedir que um evento aconteça, mas não precisa deixar que ele penetre profundamente no seu ser. A mente é enorme. Há um grande espaço entre o lugar onde a experiência foi projetada inicialmente e o lugar onde você de fato a vivencia por completo. Você pode usar o arbítrio para manter a imagem mental longe de você. Esse é um ato absolutamente primal de resistência.

Agora que você resistiu a vivenciar a cascavel e deixou o restante do momento passar livremente, é a vez da borboleta. Ela pousa no seu braço e é muito natural que você se concentre nessa bela experiência. Quando a borboleta ameaça voar, você não quer que ela vá embora, por isso usa seu arbítrio para se prender a essa imagem mental. É o que os budistas chamam de *apego*. Você não pode segurar a borboleta em si, porque ela já voou para longe. Então você tenta se apegar ao padrão de pensamento relacionado a ela. Afasta a experiência da cascavel e se agarra à experiência da borboleta. Nenhum desses padrões mentais consegue finalizar sua própria jornada natural pela mente. Você não só perde a oportunidade de vivenciá-los por completo no fundo do seu ser, como também mantém sua mente atrelada a eles. Nem a cascavel nem a borboleta estão mais diante de você, porém permanecem como padrões no campo de energia da mente. É o poder de gostar ou não gostar de algo.

Tanto o apego quanto a resistência prendem esses padrões dentro da sua mente. É muito importante entender isso. A mente experiencial foi criada para ser uma tela de TV em branco: projeta a imagem que lhe é enviada. Acontece que, agora, você se apegou a imagens que não estão mais sendo geradas pelo mundo exterior. Elas ficaram presas na sua mente como padrões mentais e, com isso, surge a desarmonia com a realidade. Você, aí dentro, vivenciou a dádiva da realidade; agora, está vivenciando também os padrões aprisionados. Esses padrões são totalmente diferentes dos padrões das outras pessoas. Cada um de nós aprisiona padrões singulares e pessoais, que resultam das nossas experiências passadas. Como todos nós tivemos experiências diferentes e interagimos com elas de determinada maneira, as impressões que ficaram na nossa mente são totalmente distintas. *É assim que nasce a mente pessoal.*

O problema é que a realidade não é pessoal. Como já vimos, não criamos este universo. Estamos simplesmente experimentando o milagre da criação que se desenrola ao nosso redor. Sim, existem cascavéis e borboletas no mundo, e milhares de outras coisas. Mas agora existem CASCAVÉIS e BORBOLETAS na sua mente, mesmo quando não estão fisicamente diante de você. Agora que você guardou essas impressões mentais, a realidade precisa competir com elas pela sua atenção. A distração constante dessas impressões internas interfere na sua capacidade de se concentrar totalmente no mundo lá fora.

13

A queda do paraíso

Resistência é o começo daquilo que podemos considerar nossa queda do éden. Você estava bem, ciente dessa criação dinâmica e esplêndida, que lhe dava de presente experiências constantes de aprendizado e crescimento. Vejamos a dádiva que é a música. Quando você está totalmente absorto na música, não há pensamentos intrusos, somente a canção que chega sem esforço e alimenta o mais profundo do seu ser. Há quem entre em êxtase ouvindo música. Quando a mente está límpida, tudo nos chega dessa forma. Ou você se encontra num estado divino, experimentando tudo o que chega até você, ou está profundamente absorto na calma interior do seu ser. Você voltou ao jardim, onde tudo é belo.

Ao se apegar, porém, às cascavéis e borboletas da sua mente, você não consegue mais permanecer nesse estado puro de consciência. Esses dois padrões mentais se tornam objetos tão carregados que atraem para si a sua atenção. Quando a mente estava límpida, o que atraía sua consciência era a projeção do mundo exterior à medida que ele passava. Essa representação era satisfatória e agradável e, como nada tinha a ver com você, era simplesmente passageira. Por outro lado, os objetos altamente carregados que permanecem na sua mente não chegam e vão embora. O mundo diante de você passa, mas esses objetos mentais permanecem porque você os segura na sua mente. E mais:

como se destacam e são considerados mais importantes do que todo o resto, sua consciência se distrai com eles.

Quando as coisas deixam de se equivaler, isso gera um problemão. Por exemplo, você está caminhando por uma estrada e vê uma corda. Essa corda já não é mais a mesma coisa depois que você viu a cascavel. Agora a corda remete você à serpente. O que "remeter" significa? Significa que você está vendo uma cascavel onde não há. A partir de agora, quando surge a imagem da corda, a consciência tem uma escolha a fazer: ou presta total atenção na corda ou é distraída pela imagem negativa da cascavel que está na sua mente. A mente junta na mesma hora os dois objetos mentais como se fossem uma coisa só, e você se assusta. Mas é só uma corda... Pois é, e ainda assim você se aterroriza.

Algo semelhante acontece com a imagem da borboleta na sua mente. Depois que a borboleta vai embora, você continua colocando o foco na imagem que guardou consigo. Continua se sentindo bem com essa imagem, tentando se apegar a ela, embora ela não faça mais parte da sua realidade imediata. É então que vem de fora algo novo, talvez uma pessoa que passe por você na rua. Sua mente pode reproduzir perfeitamente essa nova imagem, mas sua consciência não a está vendo por completo. A consciência continua distraída pela imagem da borboleta que ficou na sua mente. Antes, cada momento era uma experiência que você vivenciava no seu íntimo. Agora, você prefere outra coisa: acha melhor vivenciar a imagem mental da borboleta do que a realidade diante de você. Surgiu um mundo totalmente novo para sua consciência focar: o mundo que você construiu na sua própria mente. Esse mundo não equivale à realidade da criação. O mundo interior é uma criação pessoal, composta dos objetos mentais que você aprisionou. É isto que essas imagens na sua mente representam: coisas que aconteceram no passado e que você armazenou porque quis. Como veremos mais adiante, essas impressões são as sementes iniciais que acabam se tornando o Eu pessoal, ou o autoconceito.

Para entender isso mais claramente, voltemos ao exemplo da tela de TV. As primeiras televisões com tela de plasma deixavam uma "imagem residual". Os fabricantes advertiam que, se o usuário pausasse uma imagem durante muito tempo, uma sombra da imagem ficaria "impressa" na tela de plasma. Você tirava o pause da TV, mas a imagem antiga continuava lá. Quem gosta de ver televisão assim? Você assiste ao noticiário, desliga a TV e, quando volta a ligá-la para ver um filme, a imagem do apresentador continua projetada lá, sobreposta à imagem do filme. É exatamente isso que está acontecendo com a borboleta e a cascavel. Você não consegue mais ver com clareza o que está à sua frente porque existem essas outras imagens na tela da sua mente. Ela pifou. Mas você não fez por mal. Não pensou que teria problema em colocar de lado experiências que considerava desagradáveis. Só que para onde você acha que elas foram quando você resistiu a elas? Foram armazenadas na sua mente sob a forma de impressões duradouras.

Vale a pena analisar o efeito dessas imagens residuais de forma mais detalhada. No começo, aconteceu o milagre da criação. Foram criadas essas formas que nos chegaram pelos cinco sentidos, e assim as vivenciamos. Aparentemente, em algum momento, você não gostou de certas vibrações, por isso as afastou quando elas chegaram. Essa resistência intencional fez com que elas permanecessem na sua mente. É aí que entra o *pessoal*. Já discutimos aqui que nada é, de fato, pessoal. Mas você escolheu preencher o santuário da sua mente com imagens congeladas do seu passado. Essas impressões permanecerão na sua mente atraindo a atenção da sua consciência. Você agora tem uma visão enviesada e limitada da realidade, que distorcerá suas experiências pelo resto da vida. Esse é o poder da mente pessoal.

Até agora, mencionamos apenas a cascavel à qual você resistiu e a borboleta à qual se apegou. Isso já bastaria para distorcer a sua experiência da realidade. Mas sejamos francos: quantas dessas impressões você tem? Você tem feito isso a vida inteira. E mais: as impressões armazenadas vão se acumulando, umas sobre as outras. Agora que você tem uma impressão armazenada da cascavel, pode facilmente se assustar com o barulho do chocalho de um bebê. Na verdade, se o desconforto for muito grande, pode até optar por não ficar perto de bebê nenhum por causa do barulho do chocalho. É uma preferência pessoal, e é assim que nascem todas as nossas outras preferências. No momento em que as criamos, elas passam a dominar nossa experiência de vida como um todo.

Na filosofia do yoga, as impressões que ficam alojadas na mente são conhecidas como *samskaras*. Elas são discutidas nas antigas escrituras, as Upanixades. Mas como as pessoas sabiam disso milhares de anos antes de Sigmund Freud e suas teorias sobre supressão? Essas pessoas meditavam. Não precisavam que ninguém lhes ensinasse. Viam acontecer com a própria mente. Se você estiver silenciosamente centrado, num estado de consciência alerta, conseguirá ver o que se passa diante de você. Você é, em última análise, o experienciador da sua mente; só não está prestando atenção.

Em vez de prestar atenção, você está tão determinado a querer a borboleta e rejeitar a cascavel que está perdendo a sua consciência centrada. Quando o mundo ao seu redor chega e atinge, ou ativa, os padrões armazenados, você deixa de observar a realidade de maneira objetiva. Sua consciência passa a ser atraída para os samskaras ativados, distorcendo tudo o mais. Essa é a base da sua *psique*, do seu eu pessoal.

O que é a psique? É algo que você constrói dentro da mente e que diz respeito a você: "Sou uma pessoa que não gosta de cascavéis. Sou uma pessoa que gosta de borboletas." Você acaba de construir um autoconceito. Com outra pessoa isso será diferente. Ela terá uma psique construída em torno de tempestades, cães ferozes e gatinhos indefesos. As experiências diferem de pessoa para pessoa; portanto, todos constroem interiormente uma mente pessoal, distinta de todas as outras. Ninguém faz isso de propósito. É uma reação muito natural que acontece porque você não está acostumado a experienciar abertamente a vida. O estado mais elevado é permanecer à vontade para aprender e crescer com todas as experiências. Só que, quando alguma experiência não lhe agrada, você usa seu arbítrio para resistir a ela. Isso significa apenas que você não evoluiu o suficiente nessa área. Existe a evolução física e existe a evolução espiritual. Ambas envolvem capacidade de adaptação ao meio. A primeira se refere ao corpo, e a segunda se refere ao seu "eu" aí dentro, sua alma.

Quando os eventos chegam até você, o objetivo é que você os vivencie. Se tiver dificuldade de fazer isso, é aí mesmo que você precisa aprender a aceitar. Que direito você tem de se agarrar à realidade ou de resistir a ela? Você não fez a realidade, não estava aqui durante os bilhões de anos necessários à sua criação. Voltemos àquela pergunta: "Você gosta do fato de Saturno ter anéis?" Sua resposta foi: "Não tenho nada a ver com isso." Essa é a resposta correta para a realidade que levou bilhões de anos para chegar aí na sua frente.

A verdadeira pergunta não é se você gosta de uma coisa ou de outra, e sim por que não a aceita. O motivo é bem simples: você não a aceita porque não consegue digeri-la. É difícil deixar que as experiências simplesmente fluam, sem qualquer perturbação residual. Mas é preciso aprender a fazê-lo. Você aprendeu a jogar tênis. Aprendeu a tocar piano. Aprendeu todo tipo de coisa, talvez até cálculo avançado. No início, você não sabia fazer nada disso. Com certeza levou um tempo até se sentir confortável nessas atividades. A alma também pode aprender. Você aí dentro, a consciência, pode aprender a vivenciar a realidade. Mas, para isso, não pode resistir. Caso contrário, vai empurrar a realidade para longe na mesma hora. Aceitação é isto: a não resistência. É ter o compromisso de permitir que a realidade se eleve diretamente à parte mais superior do seu ser. No fim das contas, você só precisa parar de resistir à realidade. É preciso aprender a deixá-la vir, mesmo que não se sinta à vontade com ela.

O mesmo se aplica às experiências positivas, como a da borboleta. Alguém chega para você e diz: "Olha, gosto muito de você. Acho você atraente e adoro estar ao seu lado." A experiência é tão agradável que você imediatamente se apega às belas palavras que lhe foram ditas. A pessoa volta ao que estava fazendo antes, mas você, não. Você não consegue se concentrar no trabalho porque as impressões que ficaram na sua mente estão gerando enorme distração. Isso é o oposto de *viver o agora*. Isso é *viver o passado*. Você acaba de ter uma bela experiência, e a estragou. Estragou-a porque se agarrou a ela, como se agarrou à borboleta. Estragou-a ao dar preferência a uma experiência específica da vida. Agora, sempre que o telefone tocar e não for essa pessoa, você vai se decepcionar. Saiba que foi você quem causou isso. Alguém lhe disse palavras gentis e você não soube lidar com esse fato. Não conseguiu deixar que o momento fosse apenas uma experiência agradável. Pelo contrário, agarrou-se a ela em sua mente e deixou que o caos se instalasse.

Não importa se você usa seu arbítrio para resistir ou se apegar a essas impressões; elas permanecerão na sua mente. Agora você criou uma região inteira na sua mente para reter seus samskaras, seus padrões inacabados do passado. Essas impressões distraem sua consciência da realidade atual. E mais: se ficar distraído o tempo inteiro por esses samskaras, você nunca vai ter a experiência de ser quem você é de verdade.

Há uma diferença enorme entre memória e samskara. A mente, como um computador, tem uma determinada capacidade de armazenamento de memória. É função natural da mente armazenar na memória de longo prazo versões comprimidas daquilo que foi recebido pelos sentidos. Essas memórias armazenadas podem ser recuperadas ao menor estímulo. Você aprende o nome de uma pessoa, o que significa que ele foi armazenado na sua memória de longo prazo. Quando volta a ver essa pessoa, você normalmente lembra o nome dela sem grande esforço, embora às vezes tenha que se esforçar um pouco mais. Esse é um jeito relativamente normal de armazenar e recuperar uma memória.

Algo completamente diferente acontece quando você experiencia um evento difícil e usa seu arbítrio para suprimi-lo, seja de maneira consciente ou inconsciente. Você não o quer na sua mente de jeito nenhum, nem agora, nem a longo prazo, por isso tenta empurrá-lo para longe de qualquer maneira. Ao fazer isso, você está resistindo ao evento inteiro: ao que chega por meio dos seus sentidos, ao que você sente emocionalmente e ao que pensa a respeito dele. Esse "pacote" da experiência ao qual você resistiu não flui como deveria, porque você não permite. A energia inteira do evento fica presa dentro da sua mente, e ela não fica aí quietinha. À medida que ela tenta se libertar, pode distorcer as memórias do passado e perturbar a experiência do presente. As energias bloqueadas da mente são como um vírus de computador que distorce tanto a mente consciente quanto a mente inconsciente. Mais adiante, vamos explorar melhor como esses padrões de energia bloqueada, os samskaras, bloqueiam também o fluxo natural de energia.

Ao se comprometer com o crescimento espiritual, você busca se livrar dos bloqueios do passado e evita armazenar qualquer coisa do presente. Isso não significa que o processo normal de armazenamento de memória vai parar de acontecer. Você não está intencionalmente esquecendo suas experiências de vida. Está apenas deixando de resistir ou de se apegar a elas, ou seja, está parando de armazená-las como samskaras. Agora elas vão se tornar memórias objetivas e inofensivas.

Vejamos um exemplo com o qual muitos se identificam. Digamos que você fale o seguinte sobre seu ex-marido: "Nunca mais quero olhar para a cara dele. Não quero mais ouvir falar nele. Não gosto nem que as pessoas digam o nome dele. A gente se divorciou há muitos anos e isso ainda me faz mal!" Quem está falando não é uma memória objetiva – definitivamente é um samskara. Você diz que se divorciou do seu ex-marido, mas na verdade não foi bem assim. Ele continua aí dentro, importunando você. Você nem cogita ir a uma festa se souber que ele estará presente. Armazenou essas impressões bloqueadas na sua mente e acabou criando um universo alternativo no qual ainda está lidando com seu ex. A memória normal não é assim; é bem-comportada. Como uma memória de computador, ela não ressurge por vontade própria. Não tem energias bloqueadas que precisam ser liberadas. A memória normal fica ali, disponível, para quando precisarmos dela. Ela não fica nos assombrando a vida toda.

Felizmente, muitas das coisas que encontramos na vida são neutras para nós. Passam por nós sem bloqueios e estão disponíveis para serem recuperadas quando for apropriado. Você já viu sinais de trânsito muitas vezes na vida, mas essas memórias não ficam voltando em momentos inoportunos. Tampouco carros, árvores, prédios e tantos outros objetos que encontramos no dia a dia. Eles vêm e vão. No entanto, existem coisas com as quais é mais difícil lidar, por isso resistimos ou nos agarramos a elas. Foi isso que causou nossa queda do paraíso da realidade. As impressões permaneceram dentro da nossa mente e se tornaram o alicerce sobre o qual construímos nossa psique.

14

O véu da psique

A psique é como um programa de computador rodando na sua mente com base nos seus samskaras. Está aí falando com você sobre o que aconteceu antes, sobre o que você gostaria que acontecesse agora e sobre o que espera que aconteça ou não depois. Você acabou criando uma realidade alternativa um tanto complexa dentro da sua mente. É uma coleção infindável dos momentos armazenados que você não permitiu que fluíssem. A essa altura, você nem precisa mais encontrar uma cascavel para se assustar. Só o fato de a experiência da cobra estar retida na sua mente já é o bastante para que você se lembre dela. Você nem precisa de um elemento externo para isso. Você pode, por exemplo, estar dirigindo por uma estrada, pensando na vida, e de repente surge a imagem da cascavel que o aterrorizou no passado. Pronto, aí está você se assustando de novo. Não está mais lidando com a realidade. A confusão que acontece dentro de nós é tão grande que não é de admirar que tenhamos tantos problemas na vida. É a natureza da mente pessoal.

A despeito da confusão que se instala aí dentro, lembre-se sempre de que a mente pessoal não é você, assim como você não é a tela da TV da sua casa. Só que é muito mais difícil olhar objetivamente para a sua mente do que para a tela da televisão. Isso se deve ao poder das impressões armazenadas na mente. Essas impressões do passado competem com a imagem da realidade que chega de fora, dificultando a distinção entre uma coisa e outra. É difícil manter uma observação objetiva em meio a toda essa confusão. Os samskaras precisam ser levados a sério, pois são capazes de distorcer nossa experiência de vida.

Vejamos o exemplo do teste de Rorschach, conhecido popularmente como teste do borrão de tinta. Nele, um psicólogo lhe apresenta um papel com um borrão de tinta e pergunta o que você vê ali. Na mesma hora, você responde que vê duas pessoas fazendo sexo ou, talvez, seus pais brigando. Em outras palavras, o teste de Rorschach estimula os padrões armazenados na sua mente, levando você a enxergar o que não existe. A verdade é que o mundo todo é um gigantesco teste de Rorschach. O mundo consiste num fluxo de átomos que se desenrola diante de você. Não é mais pessoal do que os borrões de tinta. Mas atinge seus samskaras, e isso estimula as reações emocionais e mentais armazenadas. Ora, em vez de experienciar o que ocorre no mundo exterior, você está vivenciando os gostos, desgostos, crenças e julgamentos que armazenou dentro de si. Essas impressões são tão fortes que você de fato acredita que estão lá, como os borrões de tinta. A mente pessoal assumiu o controle da sua vida. Você não é mais capaz de desfrutar das experiências que estão se apresentando, sendo forçado a lidar com o que a mente diz estar acontecendo.

Vamos examinar mais detalhadamente como os samskaras afetam nossa vida. Vimos que o que nos chega de fora estimula os bloqueios mentais do passado. As experiências passadas o deixaram pouco à vontade quando você resistiu a elas e continuarão sendo desconfortáveis quando voltarem à sua mente. Para piorar, assim como no teste de Rorschach, você na verdade não está vendo o que se passa lá fora; está vendo as suas questões pessoais projetadas no exterior. Por isso a vida parece tão assustadora, sempre atingindo seus pontos fracos. *A verdade é que a vida não está atacando seus pontos fracos; você é quem está projetando seus pontos fracos na vida.* Entretanto, nem tudo o que você armazenou era negativo. Existem coisas positivas do passado armazenadas na sua mente também. O problema é que elas não estão mais acontecendo, e isso é decepcionante. Se você voltar ao mesmo lugar onde viu a borboleta e ela não estiver lá, a experiência será negativa.

Perceba que você simplesmente fez da vida uma situação em que sempre sairá perdendo. Se alguma coisa faz você se lembrar do que o incomodou um dia, você perde. Se não consegue vivenciar de novo algo agradável que aconteceu no passado, você perde também. Isso contraria o que a filosofia zen chama de *mente de iniciante*. Se não esperar nada em particular de uma determinada situação, e algo especial acontecer, você pode viver uma experiência que o tocará profundamente. Pode ser um belo pôr do sol, um beijo inesperado ou alguma outra alegre surpresa. Você será tocado bem no fundo do seu ser porque não existem samskaras na sua mente sobre esse evento. Eis a mente de iniciante. Ocorre o contrário quando você vivencia algo com base em experiências anteriores, pois isso interfere na espontaneidade do evento.

Conclusão: os samskaras arruinaram sua vida. A não ser que aconteça algo radicalmente insólito que tire você desse sistema de preferências, você não conseguirá sentir mais nada de maneira plena. Por isso algumas pessoas recorrem a experiências radicais em busca de adrenalina. Por isso, também, há quem tente manter tudo exatamente igual para que a vida não perturbe seus samskaras. De todo modo, tentar fazer da mente um bom lugar para se viver pode levar as pessoas a buscar meios de fuga, como álcool e drogas. Chega um momento em que elas passam o tempo todo tentando agradar a própria mente.

Você vai acabar constatando que não é o emprego, o casamento ou o carro que perde o viço; o que tira o viço de tudo é ouvir a bagunça da sua mente. Enquanto todos esses padrões do passado estiverem retidos, você, aí dentro, não conseguirá vivenciar o milagre da vida que se revela diante dos seus olhos nem a beleza natural que existe dentro de você. Sua consciência se deixa distrair totalmente por esses padrões mentais armazenados, e você acaba por dedicar seus dias e noites a servi-los. Não consegue mais vivenciar a realidade – está preso, travado, vivenciando a si mesmo.

Existe um conceito na filosofia zen conhecido como "apenas árvore", muito pertinente à nossa discussão. Conta-se que havia um jovem monge budista num monastério que se reunia diariamente com seu mestre zen. O mestre lhe fazia algumas perguntas e o monge ia embora. Certo dia, quando o jovem monge chegou para o encontro, o mestre olhou para ele e fez uma observação:

– O que aconteceu? Você parece tão vivo, cheio de luz.

– Como assim? – retrucou o monge, surpreso.

– Vejo algo diferente em você, meu filho. O que houve?

O monge então respondeu:

– Ao atravessar o pátio, vi um carvalho enorme. Parei e olhei para ele. Já tinha reparado no carvalho inúmeras vezes, mas desta vez vi *apenas árvore*. Simplesmente vi a árvore. E aquilo de algum modo me levou a um lugar tão profundo que me senti despertar. Vivi um momento de iluminação. Aquilo me levou além de mim.

– A árvore está ali há centenas de anos – refletiu o mestre. – Você passa por essa árvore todos os dias quando vem aqui.

– Sim – respondeu o jovem –, mas antes, quando passava por esse carvalho, eu me lembrava de Buda sentado à sua sombra quando chegou à iluminação. Recordava também o dia em que caí de uma árvore quando criança. A árvore sempre estimulou padrões de pensamento do meu passado. Dessa vez, vi *apenas árvore*.

O mestre sorriu.

•••

"Apenas árvore." Esse é o conceito que permeia nossa discussão sobre a mente. A árvore se apresenta, é transmitida à sua mente, e isso é tudo o que você enxerga. Só que muitas vezes o que acontece é que a árvore se apresenta, é transmitida à sua mente e estimula quaisquer samskaras que você tenha a respeito de árvores. A mente repleta de samskaras é então ativada, e sua consciência fica dividida entre a imagem original da árvore e a explosão secundária que ocorre aí dentro. Essa explosão secundária é uma reação decorrente dos padrões que você armazenou. Você já não consegue mais ter experiências puras como a do jovem monge, que enxergou "apenas árvore". Se não tinha entendido isso antes, espero que agora tenha ficado mais claro. Você daria orgulho a um mestre zen, pois "apenas árvore" é um conceito muito profundo do zen-budismo.

Não há nada de errado com a mente em si, assim como não há nada de errado com um computador em si. É nossa maneira de usar essas poderosas dádivas que pode nos causar problemas. Praticamente não há limites para o brilhantismo da mente. As pessoas veem Einstein como exemplo de inteligência, mas não entendem quão brilhantes elas mesmas são. Todos nós temos uma mente humana, cada um de nós. Não temos a mente de um gambá, de um esquilo, nem mesmo de um macaco. Temos uma mente humana, e a mente humana é brilhante.

15

A mente brilhante

O que há de tão especial na mente humana? Vamos dar uma olhada. Ao longo de bilhões e bilhões de anos, enquanto a Terra girava pelo espaço, ocorreu o processo de evolução. Primeiro vieram os minerais, as plantas, depois os animais, todos formados a partir de átomos criados nas estrelas. O planeta flutuava no espaço havia 4,5 bilhões de anos antes do surgimento do ser humano moderno. Vale a pena notar que, antes do nosso surgimento, a vida na Terra continuou sendo basicamente a mesma para as outras espécies. O que importava era comida, abrigo e sobrevivência. Os macacos viveram em árvores durante dezenas de milhões de anos, exatamente como vivem hoje. Os peixes nadaram nas águas durante centenas de milhões de anos, exatamente como fazem hoje. Tudo na Terra permaneceu praticamente igual até que surgiu o ser humano, com sua mente. Ele descobriu eletricidade e iluminou a noite. Construiu arranha-céus gigantescos e máquinas nunca antes vistas. Até escavou o solo, extraiu minerais e desenvolveu materiais avançados como chips de silício. Aí construiu um foguete, entrou nele e voou até a Lua.

Compare isso com o que qualquer outro animal fez. Eles levam a mesma vida que levavam há mil, 100 mil, 1 milhão de anos. O ser humano, não. Se antes vivia em cavernas, hoje planeja até viver em Marte. O que houve? Deus escondeu um foguete e você o encontrou em algum lugar? Não, a mente humana fez isso. Sua mente descobriu que tudo era feito de átomos e depois descobriu como dividir o átomo. A mente humana descobriu de onde veio o universo, até o nível quântico. Desenvolveu o telescópio espacial Hubble, capaz de nos levar de volta ao início da criação. O Hubble consegue captar luz que viaja no espaço há mais de 13 bilhões de anos. Isso nos permite ver o que estava acontecendo 13 bilhões de anos atrás. Consegue imaginar uma coisa dessas? Tudo isso por causa da mente humana.

A mente humana é fabulosa. Descobrimos coisas fascinantes. Existimos dentro de nós e podemos usar uma mente brilhante. Assim, é hora de questionarmos: o que o ser humano comum está fazendo com a própria mente? Einstein usou a mente para refletir sobre o comportamento da luz e da gravidade e sobre a física do espaço sideral (mesmo que nenhum humano jamais tivesse estado lá!). Enquanto isso, você ocupa sua mente com relacionamentos, o que as pessoas pensam de você, e como conseguir o que quer e evitar o que não quer. Você pode não ter a mente de Einstein, mas, em comparação com a de qualquer outro ser vivo na face da Terra, sua mente é estupenda. A questão não é se sua mente é brilhante. A questão é: o que você está fazendo com esse brilhantismo?

O que sabemos até agora é que a mente, por si só, sem interferência, está fazendo o que deveria. Está lhe oferecendo uma imagem do mundo exterior para que você o vivencie. Mas você teve dificuldade de aceitar essa dádiva. Começou a resistir demais quando encontrava certo desconforto e a se apegar demais ao que lhe parecia bom. Isso causou o acúmulo de padrões mentais dentro de você. Agora, os samskaras passados distorcem o processamento de experiências externas atuais.

Podemos imaginar tudo isso como se fossem camadas da mente. A primeira camada é onde ocorre a reprodução da experiência externa atual. Vamos chamá-la de *camada do aqui e agora*. A camada seguinte são os antigos padrões armazenados que você não liberou ao fim da experiência externa. Vamos chamá-la de *camada de samskaras*. E existe ainda outra camada: o que você está fazendo com sua mente brilhante para tentar resolver os desconfortos criados pelos samskaras. Trata-se da *camada de pensamentos pessoais*, a camada com a qual você mais se identifica – acha que é isso que você é. A combinação dessas três camadas é o que chamamos de *mente pessoal*. Sua mente pessoal é única; é sua e somente sua.

Criamos a camada de pensamentos pessoais quando usamos o enorme poder intelectual da mente para conceituar um mundo exterior que não nos incomode e que, ao contrário, nos faça bem. Parece perfeitamente lógico. O problema é que o que achamos que nos fará bem ou mal é simplesmente o resultado de padrões mentais do passado que foram armazenados. Se usarmos o brilhantismo de nossa mente para desenvolver padrões de pensamento baseados em como o mundo deveria ser para nos agradar, vamos limitar nossa vida a servir aos nossos samskaras. E nossos pensamentos pessoais não vão parar por aí. De que adianta analisarmos como as coisas devem ser se não vamos fazer nada para mudá-las? Então primeiro bolamos uma estratégia para nos sentirmos bem, depois pensamos nas táticas para colocá-la em prática. Estratégia e tática – isso é treinamento militar. É basicamente como estar em guerra com o mundo.

A mente pessoal assumiu a tarefa de fazer com que o mundo à sua frente seja do jeito que você quer. Você deveria achar isso um pouco estranho, pois já discutimos detalhadamente de onde vem o mundo à sua frente, e não tem nada a ver com o que está acontecendo dentro da sua cabeça. Este exato momento é o resultado de todas as forças naturais que fizeram com que ele fosse desse jeito. O sistema de preferências em sua mente é o resultado das experiências passadas com as quais você não conseguiu lidar. São dois conjuntos de forças totalmente diferentes que não têm nada a ver um com o outro. Por exemplo, existem forças impessoais que estão fazendo chover agora. Existem forças pessoais do passado que fazem você não gostar da chuva. Você acabou de se colocar contra o universo, e vai perder. No entanto, a mente pessoal acha que está certa. Você realmente acha que o universo deveria ser do jeito que você quer que ele seja.

PARTE IV

Pensamentos e sonhos

16

A mente abstrata

Para nossa sorte, a mente possui uma camada além dos níveis da mente pessoal. Essa camada ficou conhecida como mente impessoal, mente abstrata, ou mente puramente intelectual. A comoção interna causada pelos seus samskaras não distrai essa camada da mente, que é livre para alçar novos voos em direção ao brilhantismo e à criatividade de uma expressão mental mais elevada.

Essa camada superior da mente, que chamaremos aqui de *camada abstrata*, é o que permitiu ao ser humano construir foguetes, desenvolver o ar condicionado e descobrir a existência de átomos. A mente abstrata é o que realmente torna o ser humano grandioso. Nela, para além das experiências sensoriais, você é livre para explorar o reino da mente intelectual pura. A mente pode nos levar a qualquer lugar. Quer construir um veículo capaz de ir até Marte para poder explorar o planeta pela internet? Fantástico, você pode fazer isso, porque sua mente é capaz de ir além dos limites dos seus sentidos e dos seus pensamentos pessoais. A mente pode atuar em vários níveis. A pergunta é: o que você está fazendo com ela?

Intelectualmente, você tem a capacidade de transformar imagens vindas de fora usando sua criatividade para moldá-las. Tem liberdade para usar o poder da mente para ser artisticamente abstrato e racionalmente lógico. Um exemplo perfeito dessa última capacidade seriam os experimentos mentais de Einstein. Ele criou muitas de suas principais teorias sentado numa poltrona, refletindo sobre conceitos bastante abstratos. Trata-se de um grande tributo ao poder da mente, um poder que nada tem a ver com nos perdermos em nossos pensamentos pessoais e em atribuirmos a eles o sentido da vida. Se continuarmos criando pensamentos sobre o que queremos e o que não queremos, e sobre como podemos forçar o mundo a ser do nosso jeito, nunca ficaremos bem por dentro. Perderemos grande parte da enorme capacidade de abstração, porque não conseguiremos nos abstrair de nós mesmos. A vida se tornará uma batalha entre a realidade e nossas preferências mentais. Esse uso da mente é chamado de mente pessoal porque nossos pensamentos são todos relacionados a nós mesmos e a nossos conceitos, pontos de vista e preferências.

A técnica da atenção plena, que centraliza a consciência no agora, incentiva você a se concentrar em algo que não seja sua mente pessoal. Enfocar o momento é uma maneira de desviar sua consciência da incessante obsessão pela pessoalidade. Outra maneira de transcender a mente pessoal é usar sua mente intelectual para criar e fazer coisas que não têm natureza pessoal. É o que acontece, por exemplo, quando um engenheiro resolve equações ou um pesquisador estuda doenças e como curá-las. Arte, ciência da computação e matemática são exemplos de belos usos da mente impessoal. A mente é fantástica; não deveria ser usada para armazenar todas as nossas preferências pessoais e acreditar que o mundo deveria ser exatamente como desejamos.

O mundo exterior não será magicamente igual às impressões mentais que você armazenou. Na verdade, não seria nada sensato esperar por isso. É sensato passar a vida inteira lutando para que o mundo se alinhe às suas experiências boas e ruins do passado? Como aproveitar a vida se você está sempre se preocupando e se esforçando para que tudo saia do seu jeito? Isso é o que todas as nossas sociedades estão fazendo, e é isso que quase todo ser humano tem feito até hoje. As pessoas não evoluíram o suficiente para deixar de fazer isso. Pessoas ricas, pobres, doentes, saudáveis, casadas, solteiras – todas pensam da mesma maneira. Quando conseguem o que querem, ficam relativamente bem. Quando não conseguem, sofrem em algum grau. A boa notícia é que você não precisa viver assim. Há um modo muito mais avançado de viver a vida. Mas isso requer que você mude sua forma de interagir com a mente e com a vida que se desenrola diante de si.

Para entender essa transformação, vamos primeiro analisar como você decidiu o que quer e o que não quer. Se prestar atenção, você verá que suas experiências passadas determinaram suas preferências. Você não inventou tudo do zero. Suas convicções, opiniões e preferências são formuladas com base em dados do seu passado. Por exemplo, digamos que você esteja vivendo um relacionamento amoroso estável e seguro, até ouvir que um casal de amigos próximos se separou. De uma hora para outra, você começa a se preocupar com o próprio relacionamento. Você estava bem antes de ouvir sobre a separação do outro casal, mas agora já não está mais. Armazenou na sua mente o conceito de rompimento de uma relação amorosa, mesmo que na realidade isso não tenha nada a ver com você. Levou a situação para o lado pessoal.

É possível processar a informação sem que ela fique presa em sua mente? Claro que sim. Seus amigos tiveram um problema e vieram conversar com você. O problema deles chegou à sua mente, passou por sua consciência, e você vivenciou o sentimento de compaixão. A interação de fato fez de você um ser maior. Você conseguiu absorver totalmente a realidade da vida sem que ela ficasse presa em sua mente. Se quiser recordá-la mais tarde, poderá recuperá-la intencionalmente na sua memória, em toda a sua glória. Mas a lembrança não continuará vindo à tona sozinha. Se o problema não ficou preso na mente consciente nem foi empurrado para o subconsciente, não vai prejudicar a sua vida. Na verdade, fará de você uma pessoa melhor, porque você terá conseguido lidar com a experiência.

Por outro lado, se não conseguiu processar a experiência, se ficou resistindo, ela ficará presa na mente consciente, causando estrago. Se você realmente resistir, ela será empurrada para o subconsciente, onde vai apodrecer e lhe causar perturbação. Em ambos os casos, você estará armazenando aquilo de que tem medo. Se fizer isso, terá medo de seus próprios pensamentos. Como não teria? Você colecionou pensamentos desagradáveis dentro da mente, e eles vão continuar voltando. Agora, para viver aí, será necessário recorrer ao aspecto analítico da sua mente para descobrir o que precisa acontecer no mundo lá fora para que você fique bem. É daí que vêm as preferências. São simplesmente tentativas de usar eventos externos para resolver o fato de que você não está bem por dentro, o que resulta na prática constante de julgar tudo o que acontece de acordo com as suas vontades.

É fácil ver por que as pessoas não concordam umas com as outras. Ninguém mais teve as experiências que você teve. O que existe dentro da sua mente é completamente distinto do que existe na mente dos outros. E não poderia ser de outra forma, pois os dados em sua mente vieram das experiências que você teve. Ninguém mais teve essas experiências, nem mesmo as pessoas mais próximas – seu cônjuge, seus filhos ou seus amigos. Não só suas experiências passadas foram diferentes, como você também as processou à sua própria maneira. Podemos nos forçar a nos adaptarmos a outras formas de pensar para sermos aceitos, mas isso só torna a vida ainda mais complicada aqui dentro. Você não só tem sua maneira de pensar, baseada nas suas impressões armazenadas, como agora também precisa suprimir parte delas para se moldar à mentalidade "coletiva". Não admira que esteja tudo tão confuso aí dentro!

Tudo isso está aí, dentro da sua mente: o bom, o mau e o feio. O resultado inevitável é que, se um determinado momento se alinhar bem com os padrões que você vem armazenando, ótimo. Você se sente aberto, animado, cheio de entusiasmo. Do contrário, você fica chateado. Na mesma hora se fecha, fica na defensiva e talvez até se deprima. Pense de novo naquela pergunta: "Como é viver dentro de mim?" Às vezes é bom. Às vezes não é. Tem horas que é o paraíso, mas pode ser um inferno. Esse é o motivo. As coisas não são assim por vontade divina. Foi você quem as fez assim. A você foi dado o livre-arbítrio, e o que você fez com esse livre-arbítrio foi uma bagunça na sua mente. Em vez de se extasiar com a existência do momento presente, você o enfrenta para moldá-lo ao que deseja.

17

Pare de servir à mente

Suas preferências existem porque você armazenou experiências do passado na sua mente pessoal. Isso torna ainda mais difícil viver aí dentro, mas, em vez de mudar de atitude, você se esforça cada vez mais para satisfazer suas preferências. "Quero me sentir bem, e para isso preciso comprar aquela casa." "Quero me sentir bem, e para isso preciso ter o carro dos sonhos." "Quero me sentir bem, e para isso preciso encontrar um relacionamento melhor." Essas tentativas de compensar seus bloqueios têm, na melhor das hipóteses, curta duração, porque na verdade você não está se livrando dos bloqueios.

A escolha fundamental que temos a fazer é esta: controlar nossa vida o tempo todo para compensar nossos bloqueios, ou então fazer o possível para nos livrarmos deles. A verdade é que armazenamos esses samskaras dentro de nós. Não deveríamos, mas é o que acontece. Em vez de nos livrarmos deles, esperamos que o mundo se adapte a nós. Sabemos que isso não vai acontecer do nada, por isso usamos nossa camada de pensamentos pessoais para analisar como o mundo precisa ser para se moldar aos nossos desejos. Somos brilhantes em descobrir como fazer alguém se sentir atraído por nós, ou em mudar as coisas para que se encaixem melhor em nossas limitações. Quase tudo o que fazemos é governado por essa camada de pensamentos pessoais. É o mesmo poder analítico que Einstein usou para constatar que $E = mc^2$, mas você o está usando para decidir o que fazer quando alguém fala mal de você. Essa camada da mente racionaliza e analisa os padrões armazenados para tentar descobrir como o mundo precisa ser para que nos pareça sempre uma coisa boa, nunca uma coisa ruim.

É por isso que temos tanta dificuldade de tomar decisões. Estamos tentando descobrir o efeito que cada escolha terá sobre nós mais tarde. "Onde quero morar? Será que devo mudar de emprego? Preciso refletir sobre isso." Tentamos concluir mentalmente se um possível acontecimento combina com os padrões que armazenamos. É automático; nem pensamos duas vezes. "Claro que é isso que estou fazendo. O que mais eu poderia fazer?" Que tal viver a realidade e aproveitar os momentos que se desenrolam à sua volta? É isso que você poderia fazer de diferente. Usar a mente para ser criativo, para servir de inspiração, para fazer coisas grandiosas. Não deixe que sua mente fique sempre pensando em si mesma e no que ela quer. Aprenda a aproveitar a vida como ela é – em vez de desfrutar dela apenas quando se alinha às suas antigas concepções.

A camada analítica e egocêntrica da mente é a pior de todas. É nosso parâmetro de como tudo e todos precisam ser para nos agradar, incluindo a previsão do tempo amanhã. "Acho bom que não chova amanhã, pois vou acampar." Só faltava essa, você ficar chateado porque vai chover! Não temos como controlar as mudanças do tempo, mas isso nos incomoda. O motorista à sua frente dirige um pouco abaixo do limite de velocidade. Vejamos o que sua mente diz: "Que saco! Não tenho tempo para isso. Qual o problema dele? Por que esse cara não vai para a pista da direita?" Acontece que o problema não está na lentidão do motorista. O problema é como sua mente está reagindo a essa lentidão. Você acaba percebendo que desenvolveu um modelo intelectual de como tudo deve ser: como as pessoas devem se comportar, como seu cônjuge deve se vestir quando vocês saem, até mesmo se deve ou não haver engarrafamento em determinada hora. Com que frequência esses padrões internalizados nos invadem? Praticamente o tempo todo. Você acredita com toda a sinceridade que as coisas deveriam ser como você as inventou. Só que isso é um absurdo. Não tem como aquilo que você inventou na sua cabeça, com base nas suas limitadas experiências do passado, ter alguma coisa a ver com o que deveria estar acontecendo no mundo real.

Reflita um pouco. Você gostaria que amanhã não chovesse, mas seu desejo nada tem a ver com o que vai acontecer. Quem determina isso é a meteorologia, não seu sistema de preferências. Se realmente quer saber por que teve que chover no seu dia de folga, vá estudar ciências. Uma pessoa sábia percebe que o mundo não vai se desdobrar do jeito que ela quer, porque não é assim que as coisas funcionam. Nem mesmo duas pessoas pensam igual; no entanto, existe só um mundo lá fora. É melhor deixarmos a realidade para a ciência ou para Deus, não para as preferências de cada um de nós. O mundo à nossa volta conta com o poder da realidade. É resultado das influências que o fizeram ser como é, e há bilhões de influências, remontando a bilhões de anos. Nós, por outro lado, estamos apenas inventando como o mundo deveria ser com base nas impressões que armazenamos. Quando a realidade não acontece do jeito que você quer, você diz que a realidade está errada. "Não gosto disso. Não tinha nada que ter acontecido."

Eis uma técnica para desenvolver sua perspectiva: reflita sobre o espaço sideral e perceba que não há nada lá fora senão 99,999% de vazio. Há apenas espaço vazio entre todas as estrelas. A estrela mais próxima depois do Sol está a 4,2 anos-luz de distância de nós. Para ter uma noção, imagine-se retendo um feixe de luz sobre a Terra. Agora libere essa luz por apenas um segundo. Nesse segundo, a luz deu sete voltas e meia no globo terrestre. Viaje a essa velocidade a cada segundo por 4,2 anos e você alcançará a próxima estrela. Não existe nada no meio, apenas espaço vazio. É o que chamamos de espaço interestelar. É assim entre todas as estrelas, em todo o universo. Que tal estar num lugar e não ver nada? Pois saiba que é assim em 99,999% do universo. O que recebemos todos os dias é um milagre! Há cores, formas e sons, além de todas as experiências fantásticas que vivemos a cada momento que passa. No entanto, tudo o que você faz é dizer: "Não, não é o que eu quero." Claro que não é o que você quer. Essa não é a questão. Em vez de comparar o agora com as preferências que você construiu dentro da sua mente, por que não o compara com o nada, já que é isso que compõe 99,999% do universo?

Se fizer isso, você vai agradecer por todas as experiências que tiver. Elas são certamente melhores do que espaço vazio. É assim que vive uma pessoa sábia. A alternativa é sofrer porque as coisas não são do jeito que você quer. Já falamos sobre a primeira nobre verdade de Buda: *a vida é sofrimento*. Agora chegamos à segunda nobre verdade: *a causa do sofrimento é o desejo*. Em outras palavras, a causa do sofrimento é a preferência, a necessidade de decidir como você quer que as coisas sejam e ficar chateado quando não são como deseja. Não é surpresa que Buda estivesse certo. Eventos não causam sofrimento mental ou emocional – é você quem causa a si mesmo sofrimento mental e emocional a respeito desses eventos. Se não fizer isso, é porque está deixando as coisas serem do jeito que são. Lembre-se sempre: foram necessários 13,8 bilhões de anos para que cada coisa se desenrolasse de modo que o momento à sua frente fosse possível.

Um exemplo perfeito de como nos causamos sofrimento mental é a maneira como enxergamos nosso próprio corpo. Quando somos jovens, olhamos nosso corpo com interesse. Na velhice, torcemos o nariz. O que há de errado nisso? O corpo é um milagre. O corpo muda sozinho. É um processo natural, que não deveria causar sofrimento. Da mesma forma, passamos por muitas outras experiências nesta vida. Elas não deveriam nos causar sofrimento. Experiências não são sofrimento; são experiências. Mas vamos sofrer se elas não corresponderem à nossa noção rígida de como as coisas devem ser. *O sofrimento é causado pela discrepância entre a expectativa mental e a realidade que se desenrola à nossa frente.* Quando há discrepância entre o desejo que alimentamos e a realidade que se apresenta, sofremos.

O que estamos explorando aqui é mais profundo do que a maioria das pessoas quer enxergar, mas é a verdade. Você criou na sua mente ideias sobre o que é bom e o que é mau com base em impressões armazenadas. Agora acha com todas as suas forças que o mundo deveria ser de determinada maneira. Obviamente essa não é uma crença fundamentada na realidade. Enquanto fizer isso, você terá muita dificuldade na vida.

Temos agora uma visão bastante clara do que seria a mente pessoal. Vimos que a primeira camada da mente é a que capta os sentidos. A segunda é formada pelos samskaras aos quais nos apegamos no passado. Com base nesse alicerce, construímos padrões de pensamento muito pessoais quanto ao que gostamos e não gostamos, e sobre como fazer a vida acontecer do jeito que queremos. Essas ideias sobre aquilo que desejamos ou não desejamos são tão fortes que nossa consciência se volta completamente para esse modelo de vida. Na verdade, focamos tanto nessas ideias que o conceito que temos de nós mesmos é fundamentado nisso. "Eu sou uma pessoa que gosta disso e não gosta daquilo e que é muito determinada em conseguir o que almeja." Estamos tão absortos nesse modelo que nem sabemos que estamos aqui, assistindo de camarote. Mas estamos. De que outro modo saberíamos o que está acontecendo?

18

Pensamentos intencionais e automáticos

Você está aí dentro e tem o poder de criar pensamentos. Quer ver só? Diga "Oi" para si mesmo, dentro da sua cabeça. Repita algumas vezes. Se não tivesse dito essa palavra intencionalmente, ela não estaria na sua mente, certo? Em geral, existem dois tipos muito distintos de pensamento: os intencionais e os automáticos. Vamos explorar primeiro os intencionais que, como o próprio nome já diz, são gerados de propósito.

É possível criar pensamentos intencionais de duas maneiras diferentes. Podemos criar pensamentos auditivos (uma voz interior que fala com você, dizendo coisas como "Oi") ou pensamentos visuais, no olho da mente. Por exemplo, tente visualizar uma canoa. Consegue vê-la? Agora visualize um barco maior, e outro maior ainda. Visualize um transatlântico aí dentro. Ele não estaria aí se você não desejasse intencionalmente que estivesse. Mais uma vez, vemos que você tem a capacidade de fazer a mente criar pensamentos.

Além dos intencionais, há também os automáticos. São aqueles que você não decidiu criar de propósito – eles simplesmente surgem por conta própria na sua mente. Você consegue prestar atenção neles quando já estão aí, mas não decidiu criá-los, como fez com o navio. A grande maioria dos nossos pensamentos é gerada automaticamente. Você está passeando de carro, aproveitando seu dia, e sua mente começa a criar pensamentos sozinha:

"Por que fui dizer aquilo? Se eu não tivesse dito nada, ainda estaríamos juntos. Sei lá, talvez não. A relação já não andava bem antes disso." Você não criou intencionalmente esses pensamentos. Foi a voz dentro da sua cabeça que falou por conta própria. Se duvida que esse processo seja automático, tente manter sua mente calada. Depois de pouco tempo o fluxo de pensamentos voltará a toda.

Digamos que alguém ficou de telefonar para você às três da tarde. São três e meia e a pessoa ainda não ligou. O que acontece durante esses trinta minutos de espera? Sua mente cria pensamentos por si só. Você não decide pensar: "Eu quero me preocupar com isso. Ok, mente, comece a criar pensamentos preocupantes. Será que o fulano sofreu um acidente ou vai me dar um bolo?" Não é você quem faz isso. Sua mente faz tudo sozinha. E esses pensamentos nem sequer são sensatos – são destrutivos. Estão arruinando esses trinta minutos. Reflita bem: se você vai ter que esperar uma ligação por meia hora, por que iria querer sofrer nesse tempo? Bem, tecnicamente, você não quer. É a sua mente que está fazendo isso com você.

Se você prestar atenção, verá que a mente cria a maioria dos pensamentos por conta própria. Eles pipocam o tempo todo. Observe-se no chuveiro. Quando estiver dirigindo. Durante uma pausa no trabalho. Você verá que a mente está criando pensamentos a todo instante. Mesmo quando alguém está falando com você, as palavras podem entrar por um ouvido e sair pelo outro sem que você preste atenção. Você está mais preocupado em ouvir a reação da sua mente ao que está sendo dito. Você está pensando: "Não concordo. Nunca faria isso desse jeito." Sua mente acabou de deslocar o foco da discussão para você, e não para o que a pessoa está dizendo. Se observar esses pensamentos gerados automaticamente, verá que eles vão de um extremo a outro – uns são engraçados, outros chegam a ser assustadores. De todo modo, será que é tão inteligente assim ter todo esse barulho acontecendo dentro da sua cabeça o tempo inteiro? Quando se der ao trabalho de refletir sobre isso, vai descobrir que não é.

De onde vêm esses pensamentos? Por que a mente os cria sozinha, sem a sua participação? Na verdade, já discutimos isso. Quando você armazena um samskara, um padrão mental e emocional inacabado, esse padrão não fica quietinho aí dentro. Qualquer coisa que tenha sido armazenada dentro da sua mente, seja porque você resistiu ou porque se agarrou a ela, tenta vir à tona. É a natureza da energia, como as leis de Newton. A energia não pode permanecer aí, a menos que você continue impondo sua força de vontade para retê-la. É por isso que ela continua voltando. Sua mãe lhe deu uma bronca há 25 anos e isso magoou você. De repente, alguém menciona uma mãe gritando e todos esses problemas emocionais e mentais ressurgem na sua cabeça. Por quê? Essa energia bloqueada vive tentando se libertar, a cada milissegundo. Assim como num rio represado, o bloqueio tenta liberar a energia reprimida. Não é nada agradável ficar dentro de você, por isso você precisa constantemente usar sua força de vontade para reprimi-la. Quanta energia você está desperdiçando mantendo todo esse lixo aí dentro?

Assim como seu corpo está sempre tentando excretar impurezas, sua mente tenta se livrar dessas impurezas mentais. É o que acontece quando a mente cria pensamentos por conta própria. Às vezes você decifra a origem desses pensamentos; outras vezes, não é tão fácil. O importante é perceber que existe sempre uma razão pela qual a mente cria um pensamento e não outro.

Voltemos ao exemplo da pessoa que está demorando para telefonar. Sua mente pode começar a criar pensamentos preocupantes e questionar o que você poderia ter feito para desagradar tanto essa pessoa a ponto de ela não querer ligar. Essa, porém, não é a pergunta mais importante. A pergunta mais importante é:

por que essa possível explicação surgiu em vez de qualquer outra? Acontece que, quando você tinha 10 anos, alguém lhe disse: "Você tem razão, eu não liguei de propósito porque não gostei do que você fez." Anos depois, quando alguém deixa de telefonar, esse pensamento retorna. Pode ser o contrário também: anos atrás alguém não telefonou porque queria fazer uma surpresa e aparecer com um presente. Agora, quando alguém deixa de ligar, você logo se empolga com o que pode acontecer em seguida. Essas impressões ficam armazenadas dentro de você. Tentam continuamente liberar energia reprimida e acabam determinando os pensamentos que a mente cria por conta própria. Essa é a natureza de quase todos os seus pensamentos automáticos. Eles não devem ser vistos como uma verdade importante ou um insight sobre o que, de fato, está acontecendo. São apenas sua mente tentando expelir os padrões que você guardou aí dentro.

19

Os sonhos e o subconsciente

Para entender melhor como as energias mentais armazenadas são liberadas, vamos recorrer a um dos temas favoritos da psicologia: os sonhos. O que são eles? Segundo o conceito freudiano tradicional, os sonhos resultam de eventos externos que deixam impressões inacabadas na mente. Por exemplo, um garotinho queria muito ganhar uma bicicleta de presente, mas não ganhou. Seu desejo não foi concretizado, então o menino rejeita esse fato na sua mente. Suprime-o. Ao dormir, já sem controle sobre os pensamentos, ele sonha que tem uma bicicleta. Isso acontece porque sua mente ficou livre para liberar o que não pôde expressar enquanto ele estava acordado. Todos nós vivenciamos esse tipo de sonho regularmente. Um evento do mundo da vigília dá um jeito de se manifestar no mundo dos sonhos. Não é intencional. É a mente tentando liberar padrões de energia acumulados.

Existem sonhos dos mais variados tipos. Para Freud, o sonho que acabamos de discutir é a *realização básica de desejos*. É um samskara que se forma na mente enquanto estamos acordados e libera energia ao criar os pensamentos que temos durante o sono. Esses pensamentos que compõem os sonhos não são muito diferentes dos pensamentos automáticos que ocorrem durante a vigília. Com certeza são muito mais vívidos, principalmente as imagens. Isso porque, durante o sono, a mente pode se concentrar completamente em criar pensamentos. Não está ocupada sendo distraída pelos sentidos ou pelas diversas outras camadas de pensamentos e emoções. Além disso, não estamos afastando de propósito os pensamentos. É por isso que a mente é muito mais criativa durante o sono. É capaz de criar um mundo inteiro e complexo em 3-D, em tecnicolor. Normalmente as pessoas não conseguem fazer isso quando estão acordadas, embora, é claro, a mente seja perfeitamente capaz de fazê-lo.

Quando você deixar de suprimir experiências desconfortáveis, vai perceber que na realidade o subconsciente não existe. A consciência e a subconsciência na verdade são uma coisa só; nós é que criamos artificialmente uma distinção entre elas. Para entender isso, imagine-se dizendo numa sala cheia de gente: "Gosto das pessoas que estão do meu lado direito; me sinto à vontade com elas. Já com as pessoas do meu lado esquerdo não me sinto nem um pouco à vontade." Agora se imagine decidindo nunca mais olhar para o lado esquerdo da sala porque isso lhe causa desconforto. O que você acabou de fazer foi separar a sala em duas partes: a que lhe agrada e a que lhe causa desconforto. A segunda parte continua existindo, mas não existe mais para você. Foi exatamente isso que você fez ao criar seu subconsciente. Ele é a parte da sua mente para a qual você não está disposto a olhar.

A boa notícia é que essas partes da sua mente se fundirão de novo quando você parar de suprimir as coisas. Sua mente voltará a ficar completa, e você vai poder usar toda a sua capacidade. Imagine o poder mental que você vem desperdiçando ao empurrar toda a bagunça para o subconsciente. E depois ainda tem que manter tudo isso ali, pelo resto da vida. É incrível a confusão que fazemos quando não conseguimos lidar com o que acontece à nossa volta.

Os pensamentos que empurramos para o subconsciente desempenham um papel importante tanto na nossa vigília quanto nos nossos sonhos. A mente cria pensamentos enquanto dormimos pela mesma razão que cria pensamentos automáticos quando estamos acordados. Em ambos os casos, não é você quem está criando essa atividade mental de propósito. É sua própria mente que está tentando liberar energias bloqueadas.

O elo comum entre os estados de vigília e de sonho é a sua consciência, que está a par de ambos. Quem experiencia o sonho é o mesmo eu que vivencia o mundo exterior em estado de vigília. É por isso que, ao acordar, você diz: "Esta noite tive um sonho incrível." Como é que você poderia saber? Sabe porque estava lá – o mesmo eu que está ciente quando você está acordado. Curiosamente, como se trata do mesmo eu, durante o sonho pode haver crescimento espiritual. Meher Baba, outro grande mestre do yoga, disse que é possível trabalhar o karma durante os sonhos. Afirmou que passar por uma experiência num sonho é, de fato, benéfico para a evolução espiritual. Você está pelo menos permitindo que parte da energia bloqueada se liberte, uma energia que você não se permitiu liberar durante a vigília, e isso é saudável.

Podemos aprender muito sobre nós mesmos com os sonhos. Mas o que acontece quando você guarda no subconsciente algo mais traumático do que simplesmente não gostar de um acontecimento ou não obter o que queria? É muito mais difícil lidar com coisas que não se resumem a uma questão de preferência. Existem samskaras que são tão profundos que nem sequer aparecem em sonho. Se tentassem se libertar, você acordaria de um pesadelo perturbador. Em outras palavras, a consciência não é capaz de vivenciar certos eventos mesmo durante o sono. Resistimos e ficamos de tal maneira desconfortáveis que acabamos acordando. Então como essa energia é liberada?

A energia armazenada em nossa mente está sempre tentando se libertar de um jeito ou de outro. Quando essa liberação tem potencial para criar um pesadelo insuportável, a mente encontra outra maneira de simbolizar o que está tentando expressar. Em vez de sonhar com o acidente de carro que matou seu irmão caçula, você sonha com passarinhos voando quando, de repente, uma águia avança sobre eles e leva embora um dos passarinhos. Você está disposto a assistir a isso, mas não está disposto a ver um acidente de carro envolvendo uma pessoa amada. Isso tudo é muito real. Sua mente brilhante está lhe fazendo um favor. E ela faz isso na tentativa de se manter saudável e liberar pelo menos um pouco da energia reprimida. É a simbologia dos sonhos. É incrível como a mente manifesta seu brilhantismo quando a deixamos à vontade para criar. Assim como o corpo está sempre tentando curar a si mesmo, a mente está sempre tentando liberar as impurezas aprisionadas em seu interior.

20

Sonhando acordado

A essa altura, você já deve ter entendido que sua mente tem um enorme poder, em especial no que diz respeito à criação de sonhos por conta própria. Não criamos sonhos de propósito; a mente faz isso sozinha. Mas, como vimos, os sonhos não são os únicos objetos mentais que a mente cria de maneira automática. A voz dentro da sua cabeça que tagarela o dia todo é o mesmo poder expressivo da mente que cria os sonhos. Não seria incorreto chamar esse diálogo interno de *sonhar acordado*. Todas as coisas pessoais que essa voz diz resultam dos samskaras armazenados aí dentro. É a mente tentando liberar esses bloqueios durante o dia, enquanto ainda estamos acordados. Por exemplo, você vê um rapaz correndo pela rua e sua voz interior logo diz: "O que será que ele fez de errado? Parece até meu irmão quando foge de alguma coisa. Do que esse rapaz está fugindo?" A questão é que isso não tem nada a ver com seu irmão, e essa pessoa pode estar correndo para se exercitar. Mas sua mente aproveita a oportunidade para liberar energias reprimidas. É por isso que o diálogo mental é muitas vezes negativo. Grande parte da energia armazenada vem de coisas que não lhe agradaram no passado. Quando novos eventos estimulam esses samskaras negativos, você os vivencia como se eles fossem negativos também. E com isso a negatividade só aumenta.

Se você realmente quiser confirmar como suas preferências fazem da vida uma experiência negativa, experimente pintar as paredes da sua cozinha de branco. Sabia que há mais de cinquenta tons de branco? Observe o que acontece quando você tenta escolher o tom de branco ideal. Só uma pequena faixa de cor vai se alinhar às suas preferências e fazê-lo feliz. Todo o resto vai irritar você. Basta olhar para as probabilidades que se colocam diante de nós. Há bilhões de coisas que podem acontecer na vida que não correspondem às nossas preferências, e apenas algumas que correspondem. Nessas condições, as chances de a vida ser uma experiência negativa são enormes. Isso não quer dizer que a vida seja desagradável; quer dizer que ela só é agradável quando corresponde exatamente às nossas preferências.

É muito importante entender isso. Você criou um sistema em que é impossível vencer. Você expandiu o conjunto de coisas que podem incomodá-lo para incluir todas as experiências que remetam ao que lhe causou incômodo um dia. Além disso, a vida quase nunca o satisfaz por completo porque tudo tem que ser exatamente como você deseja. Isso demonstra o poder das preferências atuais e antigas – quanto mais preferências você tiver, pior se sentirá.

Até agora, aprendemos muito sobre a mente. Começamos entendendo o conceito de mente vazia. Depois discutimos a camada da mente do aqui e agora, que reproduz internamente as imagens que chegam até nós através dos sentidos. O verdadeiro problema começa depois dessa camada. Você aí dentro, a entidade consciente que sabe que está aí, usou o poder do arbítrio para evitar que certas imagens simplesmente fluíssem. Formou-se assim a camada de samskaras. Nela são armazenadas as impressões que você guardou no passado e que constituem a base das suas preferências pessoais. Como se não bastasse você ter construído toda essa estrutura na sua mente, você passa a vida pensando em como deve servi-la. Sua consciência então acaba se perdendo, pois passa a enfocar constantemente esse falso conceito mental de Eu.

Felizmente há uma saída, chamada *consciência testemunha*. Se você aprender a relaxar e simplesmente observar essa voz tagarelando dentro da sua cabeça, você pode acabar se libertando. Não se trata de calar a voz. Nunca brigue com sua mente. Foi você quem a deixou assim; como ousa reclamar dela? Se perceber que come mal, você vai brigar com a comida? Claro que não – vai mudar sua alimentação. Da mesma forma, como são esses samskaras armazenados que estão bagunçando a grandeza da sua mente, é preciso mudar seu comportamento interno. É simples: libere os samskaras que estão guardados e não os armazene mais. Falar é fácil; agora precisamos examinar como fazer isso.

Uma coisa complica essa tarefa. A mente não é o único obstáculo à nossa paz interior – há também as emoções. Como se não bastasse tagarelar o tempo todo para tentar liberar a energia armazenada, a mente tem um irmãozinho: o coração, que pode originar emoções que tornam muito interessante viver aí dentro. Às vezes parecemos um vulcão em plena erupção; às vezes sentimos algo tão lindo que não queremos que acabe. O que acontece nesses casos? E, mais importante, o que você pode fazer a respeito? Como você já deve imaginar, essa será nossa próxima parada nessa jornada de exploração dentro de nós mesmos.

PARTE V

O coração

21

Entendendo as emoções

Examinar a natureza do mundo ao redor, bem como a natureza da mente, nos ensina muito sobre nós mesmos. Uma coisa fica bem clara: nem sempre é fácil viver aí dentro. Os pensamentos criados pela mente podem causar grande desconforto, e o mundo que nos chega através dos sentidos pode iniciar dentro de nós uma verdadeira tempestade de fogo. Como se não bastasse, experienciamos algo que pode ser ainda mais perturbador que os pensamentos: as emoções.

Emoções são muito diferentes de pensamentos, mas a maioria das pessoas nem se dá ao trabalho de fazer essa distinção. Juntos, pensamentos e emoções compõem o que podemos chamar de *psique*, ou seu eu pessoal. A psique é completamente distinta do seu corpo físico. Ela é o mundo não físico que acontece dentro de você.

É muito importante enxergar com clareza a diferença entre pensamentos e emoções. Se lhe pedissem para apontar onde estão seus pensamentos, você não apontaria para os dedos do pé; apontaria para a região em torno da cabeça. Isso ocorre porque os pensamentos são gerados na mente, que é associada ao cérebro. Por outro lado, se lhe pedissem para apontar de onde vêm emoções como o amor, você apontaria para o coração. É por isso que os cartões de Dia dos Namorados são estampados com corações, não com pés: associamos a emoção do amor ao nosso peito. É compreensível, pois durante muito tempo se acreditou que as emoções fossem geradas pelo coração. Não apenas emoções agradáveis, mas todas as emoções. Se alguém faz algo que o magoa ou lhe provoca ciúmes, a mágoa e a angústia são sentidas como um aperto no peito. Quando se sente inspirado no trabalho, você se dedica de coração a um projeto. Não estamos nos referindo ao coração físico; não podemos dedicar um órgão muscular ao nosso trabalho. Estamos nos referindo, isso sim, ao coração espiritual, ou coração energético, que em breve abordaremos em detalhes.

Em grande parte das vezes, as emoções não são algo visível a olho nu. Podemos estar ao lado de uma pessoa muito alegre, ou muito triste, e nem sequer perceber isso. As emoções não podem ser vistas; podem, sim, ser sentidas. Na verdade, "emoções" e "sentimentos" são palavras intercambiáveis. Assim como vivenciamos os pensamentos internamente, também vivenciamos nossos sentimentos. Só que são duas coisas completamente diferentes.

Vamos analisar essa diferença. Como já vimos, a mente cria os pensamentos, que nos são apresentados ou de maneira verbal, pela nossa voz interior, ou de maneira visual, pelos olhos da mente. Já o coração se comunica de outra forma. As emoções não falam com palavras. Não são uma voz dentro da sua cabeça dizendo: "Estou com muito ciúme." A voz diz isso porque primeiro você *sentiu* ciúme. Há um sentimento, uma sensação. É isso que chamamos de emoção. É por isso que usamos a palavra "sentimentos" quando falamos sobre nossas emoções: "Ele mexeu com meus sentimentos." Dizer isso significa que a interação com a outra pessoa criou dentro de você uma emoção que, por sua vez, causou desconforto. Assim, temos pensamentos verbais ou visuais dentro da mente, e também temos essas coisas totalmente distintas chamadas emoções, que emanam do coração. Na verdade, elas são vibrações. Não formam objetos específicos como os pensamentos fazem. São mais etéreas. As emoções se assemelham mais a nuvens e menos a objetos definidos. Surgem e podem ser como ondas fluindo sobre nós. Manifestam-se no que chamamos de *aura* ou corpo energético. As emoções são simplesmente a sensação de vivenciar uma mudança na energia. Como Obi-Wan Kenobi, sentindo "uma perturbação na Força", na saga de filmes *Star Wars*.

Internamente, os sentimentos estão sempre presentes, mas só os notamos quando eles mudam. Perceba que você só fala sobre as suas emoções quando elas se exacerbam. "Isso me magoou demais. Não acredito que você me ofendeu dessa maneira." Ou então: "Naquele momento fui tomada por um amor profundo. Foi a sensação mais bonita que já tive na vida." Esses são exemplos de emoções extremas, e por isso chamam atenção. Você provavelmente não percebe, mas tem um estado normal de energia emocional fluindo pelo coração o dia todo. Quando ele muda, você nota essa mudança e diz: "Meu coração quase parou. Perdi as forças." Isso acontece quando o medo toma conta de nós e drena nossa energia. Por outro lado, você também pode dizer: "Meu coração está nas nuvens." De uma hora para outra, você se sente inspirado por uma energia emocional crescente. São mudanças que normalmente fluem através do coração. Quanto mais sintonizado você estiver com suas emoções, mais vai perceber que, assim como os pensamentos, as emoções quase sempre estão presentes.

As questões que levantamos aqui são parecidas com as que já fizemos sobre os pensamentos. Quem é que sente essas mudanças emocionais? Como sei que estou com raiva? Como sei que sinto amor? Você sabe isso tudo porque está aí, ciente do que se passa dentro de você. É uma clareza muito profunda em termos espirituais. Você tem andado tão preocupado com as emoções em si que não percebeu que é você mesmo que as vivencia. O objetivo desta jornada que estamos realizando juntos não é mudar seus pensamentos nem suas emoções; é ajudar você a assumir o lugar do Eu e aceitar as mudanças à medida que ocorrerem. Quando você assume essa posição, as emoções mudam, você nota que elas estão mudando, mas você não vai a lugar algum. Simplesmente continua sendo aquele que nota as emoções, ouve os pensamentos e observa através dos olhos. E quem é essa pessoa? É disso que se trata nossa jornada. Não há espiritualidade em parte alguma a não ser no próprio Eu. Espiritualidade tem a ver com o espírito, que é onde se encontra nosso ser.

Quando sua consciência assume o lugar de testemunha, você não precisa de um processo intencional para observar suas emoções. Pelo contrário, basta estar ciente do que está ocorrendo aí dentro. Não é preciso vontade nem esforço. Você simplesmente ouve ou vê seus pensamentos e sente suas emoções. Se prestar atenção, vai notar que as emoções podem ser como um vento batendo no rosto. Um vento gostoso, uma brisa suave. Ou um vendaval fortíssimo, um furacão assustador. Você com certeza já notou que as emoções podem ser assim. Não é preciso esforço para notá-las, mas talvez precise se esforçar para lidar com elas. As emoções são vibrações muito sensíveis que emanam do coração; como tais, podem mudar de uma hora para outra. O coração é muito mais sensível do que a mente, e temos muito menos controle sobre ele.

Não há dúvida de que, quando o nosso coração emana uma determinada vibração de energia, a mente começa a tagarelar na mesma vibração. É como uma fonte de água doce. Se mergulharmos até a origem da fonte, veremos a água brotando de uma nascente. Ao chegar à superfície, essa água cria as mais diversas ondulações. A atividade na superfície é muito diferente daquilo que emana da fonte. Com o coração também é assim. O coração libera uma energia com vibração específica, e essa vibração sobe para a mente de maneira automática. Não é necessário notar primeiro que você está com ciúme para depois concluir que precisa refletir sobre isso. O que acontece no coração acaba na mente sob a forma de pensamento. Os samskaras armazenados tentam liberar a energia do coração, e isso faz com que a mente fique ativa. As raízes dos samskaras estão armazenadas no coração. É para lá que vão os padrões que reprimimos na mente. Eles não se dissipam. Mergulham ainda mais fundo, até a fonte do fluxo de energia, que se encontra no nosso peito.

Poucos são os que entendem o próprio coração. As pessoas mais racionais não costumam dar asas a ele, porque ele representa seu lado mais sensível e reativo. Preferem viver na mente porque ali têm mais controle. Um amigo nos magoa, sentimos uma emoção desagradável e vamos direto para a nossa mente, tentando racionalizar essa mágoa: "Ah, ele não fez de propósito, está tudo bem. Não adianta levar para o lado pessoal." Isso se você adotar uma atitude positiva. Do contrário, sua mente dirá: "Isso eu não admito. Ninguém fala assim comigo. Quem ele pensa que é?" Seja como for, é a mente dizendo ao coração: "Está tudo bem, deixa que eu cuido disso." Estamos simplesmente direcionando a consciência para nossa mente de modo a evitar as emoções difíceis que emanam do coração.

Observe que a consciência pode se concentrar toda no coração, toda na mente, ou se dividir entre um lugar e outro. Quando as emoções são agradáveis, talvez você se comporte irracionalmente porque não quer desviar a beleza que sente no coração para a mente racional. Por outro lado, quando as emoções são desagradáveis, talvez você queira desviar a experiência interior deixando os pensamentos distraí-lo do que está acontecendo no coração. *A mente se torna o esconderijo da alma quando ela tenta fugir do coração.* Para transcender essa tendência de se esconder no coração ou na mente, perceba que a consciência que vivencia o que está acontecendo aí dentro é a mesma, em todos os momentos.

22

O que abre e fecha
o coração

Se quiser conhecer seu coração, comece entendendo que você não é ele – você apenas o experiencia. Você é a consciência que observa as emoções surgirem. Quando somos inundados por uma onda de amor e dizemos estar apaixonados, na verdade estamos nos referindo ao amor que surge no coração e nos invade. É como se você flutuasse num oceano de amor, mas você não é o amor em si – é quem experiencia esse amor. Observe que, até agora, não falamos sobre o papel que a outra pessoa exerce nessa experiência amorosa. Isso porque o que realmente acontece quando você começa a sentir amor é que seu coração se abre e emana um belo fluxo de energia. Isso deveria nos levar a dizer "Eu amo o amor", mas dizemos "Eu te amo". Essa é a primeira pista sobre o papel da outra pessoa. Desde que a presença dela ajude o coração a se abrir, você sente amor por ela. Quando essa presença deixa de abrir as portas do seu coração, você começa a procurar em outra parte. É por isso que as relações humanas são tão difíceis. Projetamos a fonte do amor no exterior, em vez de perceber que ela está sempre dentro de nós.

O verdadeiro fluxo de amor diz respeito a você e ao seu coração. Não tem nada a ver com mais ninguém. É um fluxo de energia que chega através do seu coração e que você vivencia internamente. É claro que certas pessoas ou circunstâncias podem levar seu coração a se abrir ou se fechar. Mas esse é um movimento feito pelo seu coração, e não pela outra pessoa. Quando chegarmos ao fim dessa discussão, você entenderá por que isso ocorre. Por enquanto, vamos ver o que acontece quando não entendemos que o amor é uma experiência totalmente interna que projetamos em alguém.

A partir do momento que projetamos a fonte do amor para fora de nós mesmos, tudo se torna pessoal. Tendemos a nos tornar possessivos, o que é perfeitamente natural. Queremos sentir amor e projetamos a experiência no outro. Para continuarmos sentindo amor, temos que manter a outra pessoa ao nosso lado. As próprias emoções humanas, como ciúme, carência e dependência, são fruto disso. Da mesma forma, se estamos sentindo o fluxo do amor e a pessoa amada faz algo que nos desagrada, isso nos magoa, e então nos fechamos. Esses são apenas outros sentimentos que podem emanar do coração.

Se quiser continuar sentindo amor, você tem que aprender a lidar com emoções que abrem e fecham o coração. É como aprender a tocar um instrumento. No começo, você não tem a menor ideia de como fazer isso. Comete erros e aprende com a experiência. O coração é um instrumento muito sofisticado que poucos sabem tocar. Quando o coração se abre, tentamos possuir aquilo que o ajudou a se abrir. Quando se fecha, tentamos nos proteger daquilo que o fez se fechar. Temos que viver com as consequências dos nossos atos. É por isso que pode ser tão transformador entender por que o coração se abre e se fecha, e quem está aí percebendo isso.

Você consegue notar quando seu coração se abre e se fecha, não consegue? Mesmo sem ter estudado yoga, ou meditado alguma vez na vida, todos entendemos por que o coração pode se abrir e se fechar. Quando está aberto, experienciamos um estado mais elevado. Quando se fecha, é doloroso viver. Infelizmente, quando isso acontece, a maioria das pessoas não tem a menor ideia do que está acontecendo. Se lhes pedissem agora para abrir o coração, elas não saberiam por onde começar. Sabemos fechar o punho, piscar os olhos e até mesmo criar um pensamento, mas não sabemos abrir intencionalmente nosso coração. Geralmente o coração se abre e se fecha por conta própria, e só precisamos lidar com as consequências disso.

É melhor ser cauteloso com o coração. Você pode acabar se empolgando demais pela inundação de energia quando ele se abre. Há quem diga: "Estou caidinho. Absolutamente apaixonado. Não importa onde vamos morar. Posso morar até numa cabana, desde que seja com essa pessoa." Vamos ver quanto tempo isso dura. Já quando o coração se fecha, a história é outra: "Nunca mais quero ver essa pessoa na minha frente. Não importa o que ela tenha a dizer. Não quero conversa. Só eu sei quanto sofri por causa desse relacionamento." Se você se deixar levar pelo que seu coração fechado tem a dizer, sabe-se lá onde você vai parar.

O coração é como um aparelho que emana vibrações de energia. Como tal, precisa de uma fonte de energia saudável. Quando ele se fecha, não sentimos energias positivas nem um propósito construtivo. Pode ficar difícil, pesado, viver aí dentro, como se você carregasse uma pedra dentro do peito. É claro que você quer evitar essa experiência, então sua mente começa a inventar histórias sobre o que precisa ser feito. "Vou pôr um fim nesse relacionamento. Ele vai se arrepender." Vamos ser sinceros? Esses pensamentos nascem de um mero processo que acontece na psique. Quando o coração se fecha, o fluxo de energia se enfraquece, gerando pensamentos negativos. É preciso energia para elevar as coisas, e isso inclui seus pensamentos. Quando o coração permanece fechado durante muito tempo, a pessoa pode até entrar em depressão profunda. Isso não acontece quando o coração está aberto. Observe que qualquer estado do coração parece ser uma condição permanente. No entanto, já vimos em vários momentos da vida que, se tiver chance, o coração vai mudar. As pessoas se perdem de tal maneira quando o coração está inacessível que estragam a vida por causa disso. O que a mente diz quando o coração está fechado não representa quem você é. Você é aquele que nota tudo isso.

E se seu coração estiver aberto, entusiasmado? O perigo é o mesmo, pois você pode achar que isso é para sempre. Só que geralmente acontece alguma coisa que freia esse entusiasmo. Se há razões para o coração se abrir, há razões também para ele se fechar. O mundo continua mudando; a mente continua mudando; tudo continua mudando. Portanto, se notar que seu coração está aberto por algum motivo em especial, cuidado: em algum momento isso vai mudar. Se notar que seu coração está fechado por algum motivo específico, não se preocupe: em algum momento isso vai mudar também. Se você permitir, seu coração passará por flutuações ao sabor das diferentes circunstâncias, abrindo e fechando. Enquanto você não entender isso, estará apenas reagindo ao seu coração. Quem realmente entende o próprio coração já viveu uma evolução enorme: são pessoas que passaram anos analisando objetivamente o comportamento do coração em vez de correr atrás do que ele deseja ou fugir daquilo que ele não quer.

Um aspecto muito importante do crescimento espiritual é a compreensão da dinâmica desse abrir e fechar. Para explorarmos completamente por que o coração se abre e se fecha, vamos ter que aprofundar nossa discussão. Já aprendemos que você vivencia três coisas aí dentro: o mundo que lhe chega através dos sentidos, os pensamentos gerados pela mente e as emoções que inundam o coração. A verdade é que há mais uma coisa. Está aí o tempo todo, mas a maioria das pessoas está tão perdida nas três primeiras que não se concentra nesse quarto objeto da consciência. Há, porém, um fluxo de energia muito poderoso dentro de nós. Diferentes culturas o chamam pelos mais variados nomes, como shakti, chi ou espírito. Para os propósitos da nossa discussão, usaremos o termo tradicional do hinduísmo: *shakti*.

Quando você está bem calmo, consegue se dar conta de que essa energia flui constantemente dentro de você. Às vezes, até a menciona quando seu nível de energia muda de uma hora para outra. Diz coisas como: "Quando ela disse que me amava, senti uma onda de energia dentro de mim... Parecia que eu estava flutuando. Passei dias me sentindo assim." Em outras situações, diz: "Quando ela terminou comigo, eu mal tive energia para voltar para casa. Fiquei tão acabado que passei uma semana sem conseguir ir trabalhar." Tudo isso se refere ao nível superficial da energia que estamos discutindo aqui. Há um fluxo muito mais profundo e central que você vai vivenciar à medida que transcender seu eu pessoal. Quando esse fluxo de energia mais profundo atravessa seu coração aberto, você chama isso de amor. Como é você quem define até onde pode ir essa energia, essa bela experiência amorosa não acontece com tanta frequência para a maioria das pessoas. No entanto, quase sempre há alguma energia fluindo através do seu coração, criando seu estado emocional mais básico.

A flutuação da energia que flui através do coração se deve aos samskaras que guardamos dentro de nós. Afastamos as experiências de que não gostamos e nos apegamos às que nos foram agradáveis. Esses padrões de energia inacabados são reais e agem como bloqueios ao fluxo de energia interior. Quando a energia tenta fluir para a superfície, e está sempre tentando fazê-lo, ela não consegue, pois depara com esses bloqueios. A energia de shakti é muito mais sutil que a dos samskaras, e por isso não consegue vir à tona.

Antes de nos aprofundarmos no fluxo de shakti, vamos ver o que acontece quando um bloqueio é atingido, ou ativado, por uma experiência de vida. Você pode nunca ter pensado nisso, mas sabe muito bem o que acontece. Quando um bloqueio específico é atingido, a energia mantida nesse bloqueio é ativada; voltamos a sentir as mesmas emoções e a ter os mesmos pensamentos que estavam associados a uma experiência do passado. Nosso estado interior passa então a ser dominado pelos padrões de energia inacabados que guardamos dentro de nós, e nos perdemos totalmente neles. Nesse estado, não comandamos os pensamentos nem as emoções. Tampouco comandamos quando o coração se abre ou se fecha. O samskara ativado assume o controle. Se não tomarmos cuidado, ele determinará nosso futuro com base nas escolhas que fizermos nesse estado de pouca clareza.

Eis um exemplo de como a mente se comporta quando um samskara é ativado: "Não acredito que ele me disse isso. Meu pai vivia dizendo essas mesmas coisas para mim, e eu odiava. Por isso saí de casa tão cedo. Não vou passar por isso de novo, nunca mais. Não preciso me relacionar com alguém que me lembra meu pai." Por mais que possa parecer lógico, esse raciocínio não faz sentido. Essa pessoa não é seu pai e, se você não tivesse esses samskaras aí dentro, provavelmente estaria lidando melhor com seu relacionamento atual. Na realidade, não foram as palavras que incomodaram você. As palavras atingiram o samskara, e o samskara ativado provocou o incômodo. Mesmo assim, para nos proteger do choque, fechamos nosso coração. *São os samskaras que fazem nosso coração se abrir ou se fechar.*

23

A dança do fluxo energético

Existe uma interação muito intensa entre o fluxo de energia e os bloqueios que você carrega. A energia tenta subir à superfície, mas não consegue por causa dos padrões inacabados do passado que foram armazenados dentro de você. São essas impressões antigas que determinam suas preferências na vida. Quando alguém ativa uma impressão negativa em você, isso prejudica a relação. Quando ativa uma impressão positiva, pode ser amor à primeira vista. É muito perigoso viver assim – não é você quem está no comando da sua vida, são suas impressões do passado.

À medida que for crescendo espiritualmente, você começará a entender seu coração por completo. Quando deixar de lado os padrões de energia bloqueados, você começará a sentir um fluxo de energia tão grande que vai compreender na mesma hora o que a Bíblia quis dizer com "... do seu interior fluirão rios de água viva" (João 7:38). Um fluxo de energia virá à tona, inundando todo o seu ser. Quando você estiver realmente aberto, a energia fluirá de vários centros energéticos, como o coração, o ponto entre as sobrancelhas e a palma da mão. Você se tornará um ser de luz, um ser de energia. Isso ocorre quando a energia está livre para fluir, quando não é obstruída por bloqueios pessoais. Vamos discutir isso mais adiante, mas vale a pena tocar nesse assunto agora para que você entenda por que seu coração se abre e se fecha em determinadas situações. A essa altura, a razão já deve ser óbvia: depende de quais samskaras estão sendo ativados em dado momento.

Todo obstáculo, qualquer que seja, perturba o fluxo de energia. A isso chamamos emoções. Por exemplo, você estava muito aberto, sentindo um fluxo de amor passar pelo seu coração. Aí a pessoa amada diz algo que o ofende; você reage na mesma hora. Seu coração deixa de sentir amor e passa a sentir raiva, medo ou ciúme. Esses padrões perturbadores são o resultado direto do bloqueio no fluxo de energia do coração. Todas essas emoções são a mesma energia que se manifesta de forma diferente dependendo da natureza do bloqueio que foi ativado. É interessante que a gente dê nome a essas perturbações no fluxo. Basta ver os nomes que damos às nossas diferentes emoções.

Até agora vimos o que acontece quando o fluxo de energia atinge apenas um bloqueio de cada vez. Quanto mais bloqueios houver, mais complicadas serão as consequências. Em última análise, essas perturbações começarão a ativar umas às outras e a criar padrões de energia altamente complexos. Assim é viver dentro de nós. Daí vem a força e a complexidade das emoções. Podemos ter uma relação de amor e ódio com algo porque temos padrões internos capazes de gerar diferentes fluxos de energia em momentos distintos. O samskara que tiver sido mais ativado em dado momento determinará o que vai afetar o fluxo de energia com mais intensidade. Somos criaturas muito complexas e imprevisíveis, e o motivo é esse.

Infelizmente, as coisas podem piorar ainda mais. Em algum momento, podemos ter tantos samskaras no coração que acabamos nos bloqueando por completo, entregues ao cansaço e sem um pingo de inspiração. Nesses casos, o fluxo de energia que normalmente nos anima deixa de fazer efeito. Os samskaras têm esse poder. Comandam totalmente a nossa vida.

Lembre-se de que a energia está sempre tentando fluir. O que a impede de fluir são os bloqueios. Como num rio represado, a vazão tenta dar um jeito de contornar os obstáculos. Enquanto pelo menos um pouco de energia conseguir se desviar do obstáculo, você sentirá alguma força. Mas a energia precisa continuar fluindo dessa maneira. Se acontecer qualquer coisa que estimule outro bloqueio armazenado, isso afetará o fluxo de energia. Por isso nosso humor varia tanto, e por isso nosso comportamento é instável. Quando o fluxo de energia precisa encontrar um caminho estreito em torno dos obstáculos que armazenamos dentro de nós, nossa visão de mundo também fica limitada. Nossa personalidade, incluindo tudo o que nos agrada ou desagrada, é simplesmente a expressão do caminho que a energia conseguiu encontrar para fluir. Nossa habilidade de sentir amor, alegria e inspiração é determinada pela quantidade de energia que consegue passar pelos bloqueios.

Agora você entende por que seu coração é tão sensível. Dependendo de como a energia flui em meio aos bloqueios armazenados, seu coração vai se abrir ou se fechar. Preste atenção nisso. Caso contrário, esse abrir e fechar do coração vai dominar sua vida. Se você estiver conversando com alguém e essa pessoa tocar num assunto que ative seus bloqueios, pode ser que seu coração se feche. Se sua reação imediata for dar as costas e evitar essa pessoa no futuro, você estará deixando os bloqueios regerem a sua vida. Da mesma forma, se alguém conversar com você sobre um assunto que abra seu coração, de uma hora para outra vocês podem virar melhores amigos.

Deixar que esse abrir e fechar do coração domine sua vida certamente não é algo espiritual. Você não está sendo fiel a si mesmo, está sendo fiel aos seus bloqueios. É basicamente disso que se trata sua psique. *Sua psique é o resultado de todos os seus bloqueios e de como a energia consegue contorná-los.* Como as flutuações no fluxo de energia fazem seu coração mudar, seus pensamentos mudam também. E isso é triste, porque você vai acabar perdido em meio ao turbilhão. Esses bloqueios armazenados dominarão sua vida, e isso não é maneira de viver. Você não vai a lugar nenhum assim. Vai acabar andando em círculos. Não há propósito real, desígnio ou direção numa vida assim, exceto minimizar o sofrimento e ter alguma alegria de vez em quando. Os samskaras fazem parte do passado. São coisas que aconteceram com você e com as quais você não soube lidar. Agora estão determinando seu presente e, se você não tomar cuidado, determinarão seu futuro.

Esse é um tema de suma importância. Esses padrões armazenados vão determinar para onde você vai, quais serão suas inspirações, com quem vai se casar, e se vai ou não se divorciar. Não é você quem tem as rédeas da sua vida, são seus samskaras. Se sua consciência não estiver muito centrada na posição de testemunha, você vai seguir seus pensamentos e emoções, que, por sua vez, são determinados por seus samskaras. Você certamente já passou por isso. Basta uma mudança nos padrões de energia que fluem pelo coração para tudo mudar também. Quando menos se espera, você está terminando um relacionamento ou pedindo demissão. Os padrões armazenados representam a parte mais inferior do nosso ser. Resultam da falta de maturidade, ou da falta de evolução para lidar com os acontecimentos diários. Esses padrões ficaram presos dentro de nós e passaram a definir o fluxo de energia e toda a nossa percepção sobre a vida.

Entender os efeitos desses bloqueios ajuda a explicar por que é tão difícil tomar decisões pessoais. Estamos sempre tentando ver como vamos nos sentir com uma escolha ou outra. "Será que eu devo me casar com essa pessoa, ou devo esperar até me firmar profissionalmente?" Usamos esses pensamentos para ver o efeito que cada escolha teria no fluxo de energia que atravessa nossos bloqueios. O problema é que nossos bloqueios conflitantes são tantos que não vemos com nitidez o que precisamos fazer. Também pudera! Você consulta seu caos interior e ainda espera uma resposta clara? O que notamos é que esses pensamentos e emoções continuam mudando nosso interior o tempo todo. O mais importante aqui não é saber o que fazer, é se indagar: "Quem está percebendo tudo isso?" A mesma consciência está a par de todo esse processo que ocorre dentro de você. Pode haver muitos samskaras aí dentro, mas não há muitos "vocês". Há apenas uma consciência observando todos esses padrões e se identificando com eles.

Quando você se torna um único observador – a única testemunha de tudo isso que está acontecendo –, podemos dizer que você está centrado. Está limpo. Está livre. Mas, quando você não assume o lugar de testemunha e a sua autopercepção se divide entre todos esses diversos padrões internos, as coisas ficam bem confusas. É como se cada caminho que a energia segue no seu campo de samskaras criasse uma personalidade ligeiramente diferente. Você é uma pessoa perto de um amigo e outra pessoa perto de outro. Pode até vivenciar diálogos internos totalmente diferentes dependendo de quem estiver perto de você. Veja o que acontece quando você volta à casa em que nasceu e cresceu, ou quando se reencontra com o pessoal da escola. O ambiente estimula samskaras passados, e você começa a pensar e sentir como se estivesse naquela outra época. É impressionante, mas nessas situações você se sente totalmente à vontade com essas diferentes versões de si mesmo.

Nesse estado, as pessoas têm dificuldade de se encontrar. Sentem-se na obrigação de escolher qual dessas personalidades realmente as representa. A resposta é bem clara: nenhuma delas é você. Não escolha uma delas nem deixe que ela defina sua vida. Nenhum de seus pensamentos o representa melhor do que outro. Você é quem experiencia os pensamentos. Não há nada que seja você nesses padrões de energia em constante mudança.

Admito que é difícil saber o que fazer em meio a toda essa agitação interna. A única solução duradoura é perceber que quem está notando tudo isso é o mesmo Eu. Você é aquele que está ciente de que seus pensamentos e emoções estão mudando. E isso acontece o tempo todo. Relaxe e se permita ser aquele que observa. Seja Um enquanto enxerga muitos. Eis o caminho para a autorrealização.

24

A causa dos humores e emoções

As emoções são geradas quando o fluxo de energia principal depara com um bloqueio. Para entender isso, imagine-se diante de um córrego que flui sem obstruções. Não há pedras nem outros obstáculos nesse riacho. A água flui livremente, sem impedimentos. Não encontra redemoinhos nem correntes contrárias. Esse fluxo livre é como shakti, nosso fluxo de energia central. Em seu estado natural, ambos fluem perfeitamente, sem parar. Mas o que acontece se colocarmos uma grande pedra no meio do córrego? De uma hora para outra, vamos começar a notar alguns distúrbios. Redemoinhos, correntes rio acima, respingos quando a água bate na pedra. Bastou uma rocha para causar um distúrbio na força da água. O mesmo acontece quando existem bloqueios no fluxo de shakti. Esses bloqueios – os samskaras – causam perturbações. Essas ondulações internas, esses respingos e redemoinhos, associados à liberação da energia armazenada dentro do samskara, são o que chamamos de emoções. *A emoção surge quando shakti depara com os bloqueios no coração e tenta liberar a energia bloqueada.* Isso afeta o fluxo normal, e nossa atenção se volta para essas energias perturbadas. Emoções são uma liberação de energia retida, e isso vale para emoções negativas e positivas.

Lembre-se de que os samskaras foram armazenados aí dentro por uma razão: porque você não conseguiu lidar com algumas experiências do passado. Esses bloqueios podem estar aí há anos, até décadas. Quando algo os atinge, eles se reativam e começam a liberar a energia reprimida. Por definição, as emoções e os pensamentos resultantes serão muito pessoais. Afinal, para início de conversa, foi você quem os bloqueou aí dentro. Você entra na cozinha, sente determinado cheiro, e seu humor muda na mesma hora porque esse cheiro lembra a comida da sua mãe. Basta um aroma para deflagrar uma mudança poderosa. Seu coração amacia ou endurece, dependendo da relação que você tinha com ela. Na maioria das vezes, você não tem ideia do que está acontecendo. Você só aceita a mudança de suas emoções e pronto.

Agora você entende de onde vêm os humores. Quando se alcança um estado de clareza, não existe humor. Existe apenas a beleza do fluxo de energia límpida nos alimentando dia e noite. Nos próximos capítulos, vamos discutir como viver nesse estado de clareza. Até chegar a esse estado, os humores continuarão se transformando à medida que a energia for afetada pelos padrões armazenados.

Do ponto de vista do yoga, eis o que acontece diariamente em nossa vida: o fluxo de energia sobe à superfície e, à medida que se aproxima do coração, pode fazer uma das três coisas a seguir. Primeiro, se a energia for totalmente bloqueada pelos samskaras ao tentar entrar no coração, você não sentirá seu coração. Muitas pessoas não o sentem com frequência. Estão tão acostumadas a se concentrar na própria mente que só percebem as mudanças no coração quando elas são fortes demais para serem ignoradas. As emoções são confusas e muito sensíveis, por isso as pessoas as suprimem. Querem ser analíticas, não emocionais. Ninguém lhes disse que, se fizessem o trabalho necessário para limpar o coração, isso aumentaria o fluxo de energia que sobe à mente, trazendo mais inspiração, mais criatividade e muito mais intuição.

Quando a energia chega ao coração, pode acontecer uma segunda coisa: ela pode conseguir entrar e atingir os bloqueios armazenados ali. Isso tende a nos deixar mal-humorados e mais sensíveis ao que acontece ao nosso redor. De vez em quando, no entanto, as coisas se alinham e o coração se acalma. Você encontra alguém pela primeira vez e alguma coisa na aparência, na maneira de falar ou nos gestos dessa pessoa estimula e reorganiza seus samskaras. Você pensa: "O cabelo dela é parecido com o da minha ex; eu me dava tão bem com ela... E olha só os óculos que ela está usando. Iguais aos que minha atriz favorita usou naquele filme que adoro. Ela definitivamente faz meu tipo." Quando dá por si, você já se aproximou dela e está dizendo em voz alta: "As pessoas me falaram tão bem de você que fiquei ansioso para conhecê-la. Tinham toda a razão." Aí, pronto, é amor à primeira vista. As palavras certas, o cabelo certo, os óculos certos. O coração se abre. Você não precisa fazer nada; as coisas acontecem naturalmente. Os estímulos que chegam através dos sentidos estão reorganizando os samskaras da maneira ideal para criar uma abertura que permita o surgimento da energia. À medida que sobe para o coração, a energia tem a oportunidade de fluir para fora e se conectar com aquilo que lhe causou a abertura.

Estamos tocando aqui num assunto delicado, muito pessoal. Você já sentiu a energia começar a fluir para fora do coração? Já sentiu seu coração se conectar com outra pessoa? É como se houvesse um fluxo de energia unindo dois corações. Duas pessoas apaixonadas podem simplesmente se sentar uma ao lado da outra sem precisar dizer uma única palavra, só vivenciando esse belo fluxo de conexão. É como se nada neste mundo fosse tão belo quanto a sensação de energia passando pelo coração e se conectando com alguém. Do ponto de vista do yoga, o que acontece nesses casos é shakti emanando do seu quarto centro energético, o *chakra cardíaco*. Embora o chakra cardíaco seja lindo, na verdade ele não ocupa uma posição muito elevada, pois existem sete chakras que controlam o fluxo de energia interior. Os iogues entendem que, se toda a energia sair pelo chakra cardíaco, não restará nada para chegar aos centros mais altos.

O que você vai perceber é que os chakras são como uma conexão em "T".

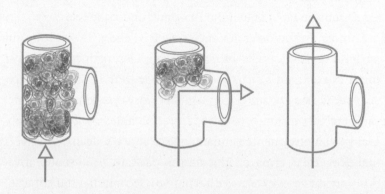

Na parte de baixo há um ponto de entrada para a energia, que pode estar aberto ou fechado. Se estiver fechado, a energia não entrará naquele chakra. Se estiver aberto, a energia subirá e tentará sair do outro lado. No entanto, se a saída superior estiver bloqueada, a energia fluirá horizontalmente e se conectará com o que estimulou a experiência de abertura. Nós, seres humanos, gostamos muito de vivenciar a energia fluindo pelo chakra cardíaco. Na verdade, não falamos em *gostar*, falamos em *amar*. Essa experiência é o amor humano; não se preocupe, a espiritualidade não tem intenção alguma de tirar isso de você. É lindo. Saiba, porém, que há uma expressão mais elevada de amor.

Isso nos leva à terceira coisa que pode acontecer quando a energia sobe rumo ao coração: ela pode conseguir chegar lá em cima. A essa altura da nossa jornada, tudo o que você precisa entender é que, se a energia passa pelo quarto chakra, ocorrem experiências energéticas muito além do amor humano. Isso não significa que você deixará de ter conexão com pessoas e coisas.

Significa que a conexão vai ocorrer, na verdade, num nível muito mais profundo. Quem diz que a experiência de conexão humana é o sentido da vida não teve a experiência dos chakras superiores. É como dizer que comida, ou intimidade, é o sentido da vida. Sim, são experiências lindas, mas são condicionais, podem ir e vir. O sentido da vida é muito mais profundo que isso.

Somos capazes de experienciar centros energéticos muito superiores, e quanto mais você avança por eles, mais bela a vida se torna. No entanto, se não puder trabalhar com o chakra cardíaco, você nunca saberá que os centros superiores existem. Para começar a trabalhar com o coração, é preciso antes ser capaz de observá-lo objetivamente enquanto ele se abre e se fecha. Você verá que os padrões armazenados do seu passado estão sendo ativados por situações externas e abrindo ou fechando o seu coração.

Voltemos ao nosso exemplo de amor à primeira vista. Se você tivesse conhecido a mesma pessoa três dias antes, quando você estava de mau humor, seu coração poderia não ter se aberto. Se não tivesse visto aquele filme com aquela atriz que usou aqueles óculos, a pessoa à sua frente poderia não ter causado o mesmo impacto em você. A questão é que você tem bloqueios armazenados internamente; são eles que determinam o seu nível de abertura em qualquer situação. Basta uma palavra dita da maneira certa para o coração se abrir. E basta uma palavra dita da maneira errada para ele se fechar. Todos nós temos os nossos samskaras e armazenamos muitos outros o tempo inteiro. É por isso que o que entusiasma uma pessoa pode desanimar outra. É também por isso que o coração se comporta de maneira diferente com a mesma pessoa em momentos distintos. É difícil acreditar que nossos humores, atrações e repulsões são tão dependentes do nosso passado, mas é verdade. Em nosso estado normal, não prestamos atenção no que está acontecendo, apenas somos levados pela vida.

25

Os segredos do coração

E stamos prontos para ir mais fundo nos segredos do coração. Como já vimos, a energia pode fluir para fora por um tempo e criar a sensação de amor. Vimos também que a abertura do coração está condicionada ao que acontece com os bloqueios, e por isso o fluxo de energia em si é condicional e costuma ser passageiro. No entanto, é possível vivenciar o amor o tempo todo. Basta que nos esforcemos para eliminar a razão pela qual o coração tende a se fechar. Por exemplo, imagine que uma pessoa muito querida sua tenha falecido. Seu cônjuge não pode ir ao funeral com você por causa de um trabalho importante. Talvez você se ressinta profundamente disso. Na verdade, se não tomar cuidado, você pode se ressentir disso para o resto da vida. Brincar com esses bloqueios é como brincar com fogo. Isso aos poucos pode enfraquecer ou mesmo destruir seu relacionamento com a pessoa amada. Isso não é um jogo. Armazenar samskaras é coisa séria, com graves implicações. Se quiser que o amor perdure, aprenda a lidar melhor com essas situações. Esse é um segredo do coração que vale a pena guardar.

Outra coisa muito importante sobre o fluxo externo de energia através do coração é que ele de fato cria uma conexão com a outra pessoa. Essa conexão é real, e vocês vão se unindo à medida que trocam energia. Não se trata de uma união física; vocês se unem porque acreditam na energia que flui entre o coração dos dois e que os alimenta energeticamente.

Vamos aos detalhes. Seu coração estava fechado porque padrões armazenados do passado estavam bloqueando o fluxo de energia. Até que surge alguém cujas qualidades e características lhe fazem tão bem que a energia arruma um jeito de se desviar de um dos seus principais bloqueios. O bloqueio ainda está ali, mas um caminho foi aberto, permitindo que a energia fluísse pelo coração. Essa energia segue para a outra pessoa, e a energia da outra pessoa vem para você. Com a ajuda dela, você conseguiu experimentar o que estaria experimentando se o bloqueio original não estivesse aí. Talvez você sempre tenha acreditado que as pessoas não gostam de você ou que você não tem muitos atrativos. Aí surge alguém que olha para você com muito amor e admiração. Alguém que faz você se sentir tão à vontade que você se derrete de amor só de olhar para essa pessoa. É inacreditável. Você deixa de sentir o incômodo que costumava sentir o tempo todo.

Embora isso seja lindo, infelizmente o samskara que estava bloqueando seu fluxo de energia continua aí. A energia deu um jeito de desviar do obstáculo, mas apenas enquanto durar a troca de energia com essa pessoa. É como colocar um condutor num circuito elétrico. Você contornou o samskara, mas agora está muito apegado a essa pessoa e dependente dela. Se ela o deixar, ou se você pensar em perdê-la, voltará a sentir aquele samskara original em toda a sua glória. Vai sentir o medo e o incômodo que costumava sentir, talvez até com mais intensidade do que antes. Em outras palavras, você ligou seu fluxo de energia a outra pessoa, e o estado do seu coração agora depende do comportamento dela. Com toda a certeza você já notou esse padrão inúmeras vezes na vida. Chama-se amor humano. É muito bonito, mas felizmente há uma forma muito maior de amor que é incondicional e pode durar para sempre.

O maior segredo do coração é revelado quando nos livramos definitivamente dos samskaras e não precisamos mais tentar desviar deles. Se você se livrar dos bloqueios que impedem o fluxo de energia, sentirá amor o tempo todo. A energia estará sempre transbordando através de você. Quando chegar a esse estado, se você simplesmente puser a mão em frente ao peito, sentirá ondas de amor em êxtase brotarem de você. Vivenciar o amor será fácil desse jeito. O amor se tornará o cerne do seu ser, e aí chegará a hora de compartilhá-lo. Sim, compartilhe o lindo amor que você está sentindo. Você será capaz de fazer isso sem apego ou carência, porque seu amor não depende de nada nem de ninguém. Você está inteiro e pleno dentro de si. Chamamos isso de *autoesplendor*. Para alcançar essa elevação, é preciso libertar-se de seus samskaras, em vez de tentar constantemente encontrar um meio de contorná-los.

Agora você entende bem melhor o funcionamento interno do coração. Até aqui nos concentramos em como a energia pode fluir pela parte inferior do coração ou ser impedida de fazer isso. Podemos chamar essa parte inferior de *coração humano*, porque, dependendo de quão aberto ele esteja, o fluxo de energia pode criar toda uma gama de emoções humanas. A energia bloqueada na parte inferior do coração pode ser vivenciada como ciúme, insegurança ou ansiedade. Até a raiva provém de um forte fluxo de energia que atinge bloqueios no coração e os ativa. Por outro lado, se o coração estiver aberto o suficiente para que a energia chegue ao meio do chakra cardíaco, onde pode fluir horizontalmente, a energia será vivenciada como amor humano. A energia é a mesma, o que muda é a maneira como ela é bloqueada.

Há outro nível que pode ser vivenciado quando o fluxo de energia é forte o bastante para subir pelo meio do coração sem escapar horizontalmente. Para isso, os samskaras têm que ser diluídos, e o fluxo deve ser forte o suficiente para penetrar a parte central do chakra cardíaco. Quando isso acontece, a energia se derrama pela parte mais alta do coração e proporciona uma experiência permanente de amor puro, força e bem-estar geral. Não estamos mais falando do coração humano, e sim do *coração espiritual*. Quando shakti flui por essa parte mais alta do quarto chakra, começamos a sentir o que é descrito como a presença de Deus. É o que os grandes santos vivenciaram. Nesse estágio, você não mais se experimenta como um ser humano; você se transforma num ser de energia. Começa a sentir o amor como uma força natural no universo. Não se trata mais de amor por alguém; trata-se apenas da força do amor alimentando-o em seu interior. Uma vez que abrir seu coração nesse nível, ele sempre será belo por dentro, desde que você escolha focar sua consciência no amor, e não no que resta do seu eu inferior.

Agora sabemos o que significa abrir o coração. Em todos os níveis, significa parar de fechá-lo. O estado natural do seu coração é a abertura. É como a água de um córrego; seu estado natural é fluir livremente. Se houver alguma coisa impedindo o fluxo de água, não perca seu tempo tentando desviar a correnteza, simplesmente elimine o obstáculo. O mesmo acontece com o fluxo de shakti pelo coração: basta eliminar os bloqueios, e o amor será seu estado natural.

Eliminar bloqueios é uma purificação espiritual. A vida é isso. À medida que você eliminar seus bloqueios, a energia começará a fluir livremente e o amor não será mais algo de que você precisa ou algo que você procura. Nesse estágio, o amor não terá nada a ver com seu par romântico ou com seu emprego. Você sentirá amor e inspiração o tempo todo. Achará que o estado natural do seu ser é amar tudo o que faz e todos que vê. Você realmente terá que se segurar para conter sua paixão pela vida, porque haverá um fluxo poderosíssimo de energia alimentando você por dentro. Esse é o estado que Cristo descrevia ao proferir: "Nem só de pão viverá o homem, mas de toda palavra que procede da boca de Deus" (Mateus 4:4). Você deixará de viver apenas do que vem de fora. Sua energia virá de dentro, sem esforço, de uma fonte própria.

O coração é uma das coisas mais belas da criação. Com o tempo, se você buscar se desenvolver espiritualmente, passará a apreciar o que lhe foi dado. O coração não apenas pode alimentar você com amor incondicional, como também é a porta de entrada para os centros energéticos superiores.

PARTE VI

O dilema humano e muito mais

26

O dilema humano

As perguntas mais importantes sobre qualidade de vida não dizem respeito ao que você possui ou ao que faz, e sim ao que se passa dentro de você. Se perguntados sobre isso, muitos responderiam assim: "Tenho vivido momentos belíssimos, que eu não trocaria por nada neste mundo. Só que também há momentos que eu gostaria que passassem logo. No geral, preciso me esforçar bastante para me sentir bem o tempo todo." Esse é o dilema humano.

A maioria das pessoas se identifica com esse dilema. As discussões que levantamos até agora neste livro nos mostraram um pouco como é viver aí dentro. No decorrer da vida, fomos armazenando padrões internos, os samskaras, que se originaram quando resistimos a algumas experiências do passado. Em seguida, usamos esses padrões armazenados para formular um autoconceito com base no que nos agrada ou desagrada, e no que deveríamos fazer para que a vida se desenrolasse de acordo com nossos gostos. Quando conseguimos tudo isso, é agradável viver dentro de nós. Mas é bem desagradável quando não conseguimos.

É importante entender que cada evento externo é a expressão de todas as energias que convergiram para que ele fosse criado. Quando entra em nós, esse fluxo de energia precisa percorrer um caminho que passa pela mente e pelo coração até finalmente se fundir à nossa consciência. Quando usamos nosso arbítrio para impedir que uma experiência passe por nós, o fluxo de energia precisa encontrar um jeito de continuar circulando. A energia não pode ficar parada. Energia é força e, quando ela encontra a resistência do arbítrio, é forçada a circular em torno de si mesma. Só assim consegue se manter no mesmo lugar. O círculo é uma forma poderosíssima na criação. Permite que algo continue se movendo e, ao mesmo tempo, fique parado. É assim que se formam os samskaras. Esses padrões armazenados continuam tentando se libertar e vir à tona, mas você teima em empurrá-los de volta para as profundezas, conscientemente ou não.

A esta altura você já deve ter entendido como esses samskaras dominam sua vida. Para início de conversa, eles continuam se manifestando sozinhos, o que já bastaria para lhe causar sofrimento. Para evitar que isso aconteça, você passa boa parte da vida criando situações que tornem agradável viver dentro de si mesmo. Você acaba recorrendo à sua mente analítica e brilhante para descobrir maneiras de ficar bem. A mente faz isso imaginando o que funcionaria para você. Começa a inventar coisas, brincar de faz de conta. À medida que essas imaginações surgem, você vai observando como elas interagem com seus bloqueios. Você está tentando ver como deveria ser o mundo para se moldar às suas necessidades. "E se essa pessoa fosse assim ou assado?" "E se fulano não tivesse dito aquilo?" "E se eu mudasse de emprego e conseguisse um cargo de chefia para mandar nas pessoas, em vez de elas mandarem em mim?" Tudo isso acontece na sua mente pessoal porque você está tentando se moldar aos padrões armazenados que fazem você se sentir melhor, ou então está tentando evitar os padrões que lhe fazem mal. De um jeito ou de outro, os padrões armazenados estão dominando a sua vida. Não se sinta mal com isso. É assim com praticamente todo mundo, e sempre foi.

Você agora tem uma compreensão mais profunda do que chamamos aqui de dilema: *você está aí, mas não se sente bem aí dentro, então desenvolveu noções de como as coisas precisam ser para que você fique bem*. Se não tomar cuidado, você vai lutar o resto da vida para satisfazer essas necessidades. Um exemplo perfeito desse dilema é o hábito de se preocupar. Por que você se preocupa? Há apenas duas razões para se preocupar: ou você se preocupa por achar que não vai conseguir o que quer, ou por achar que vai obter aquilo que não quer. Com isso você se esforça para satisfazer suas necessidades. Mas a raiz do desconforto está nos padrões armazenados do passado. Você decidiu que precisa fazer coisas lá fora para agradar aos padrões internos. Só que isso não elimina os padrões – na realidade, só reforça seu compromisso com eles. Com o tempo, eles continuarão a incomodá-lo.

Digamos que você se sinta sozinho porque não encontrou alguém especial. Parece um raciocínio perfeitamente lógico, mas a verdade é que buscamos alguém especial na tentativa de aplacar nossa solidão. Isso não resolve a raiz do problema. É como se você se alimentasse mal, começasse a sentir dor de estômago e saísse para comprar um antiácido. Se alguém perguntar por que você está com dor de estômago, por favor não diga que é porque não encontrou um antiácido na farmácia. Encontrar o antiácido é uma tentativa de aliviar sua dor de estômago, não tem nada a ver com o que a causou. O antiácido pode fazer você se sentir melhor temporariamente, mas, se você não mudar seus hábitos alimentares, a dor vai voltar. Você vai descobrir que isso se aplica a muitas coisas que anda fazendo para compensar os desconfortos que sente.

Chega uma hora em que acordamos e percebemos que não adianta tentar compensar o que está errado. É preciso cortar o mal pela raiz. Há um estado dentro de nós que está sempre cheio de amor e de felicidade. É o que Yogananda chamou de *alegria sempre-nova*. É impossível nos cansarmos desse tipo de alegria. É um fluxo em constante ascensão; uma experiência de beleza totalmente singular. É a solução para todos os problemas que você tem dentro de si, pois torna as coisas belas aí dentro. Em vez de pensar que a solução é um novo emprego, um novo relacionamento, mais dinheiro e popularidade, faça o trabalho interno necessário para que seja bonito estar dentro de você. Note que seus problemas começam com "Não me sinto bem aqui onde estou". Se estivesse tudo bem, você não estaria se preocupando nem reclamando de nada. Você estaria aí desfrutando da beleza da experiência que está tendo.

Desfrutar do seu estado interior não significa que nada vai acontecer lá fora. Ninguém está pedindo que você pare de interagir com o mundo. O que você deve fazer é simplesmente parar de interagir com ele na tentativa de resolver seus problemas internos. O mundo exterior não pode resolver seus bloqueios pessoais. Tudo o que ele pode fazer é permitir temporariamente que a energia se desvie de um bloqueio ou não o ative tanto assim. Isso nos traz algum alívio, mas o bloqueio continuará existindo.

Quando buscamos liberar nossos bloqueios internos, em vez de lutar com a vida para conseguir o que queremos, pode parecer que algo está sendo tirado de nós. Mas, se o que está sendo tirado de nós é justamente o que nos causa sofrimento, isso não deveria ser um problema. Se você tem se alimentado mal e alguém quer dar a você uma comida mais saudável, é preciso antes parar de comer o que não lhe faz bem. Não é um ato de renúncia; é mero bom senso. Assumir esse trabalho interno não significa que você não vai se casar, que não terá um emprego ou que não se dedicará de coração ao que estiver fazendo. Você pode fazer tudo isso, mas não com a finalidade de resolver os problemas aí dentro. *Se tudo que você faz é para evitar seus problemas internos, então você está apenas externalizando esses problemas.* Digamos que uma psicóloga lhe aplique o teste de Rorschach e você se chateie com o que viu no borrão de tinta. A solução é pedir à psicóloga que nunca mais lhe aplique o teste? Isso seria ridículo. Não resolveria nada. No entanto, o que as pessoas fazem é exatamente isto: tentam resolver problemas internos reorganizando o mundo exterior.

27

Mudança de paradigma

Todos nós queremos melhorar nossa experiência de vida. Estamos sempre em busca de mais alegria, amor, inspiração e significado – a questão é como conseguir isso. Façamos uma experiência. Imagine que um poder superior lhe peça para escrever num papel o que precisaria acontecer para você aproveitar totalmente a vida. Se for como a maioria das pessoas, você vai anotar coisas como: uma casa nova, um relacionamento, um novo emprego com ótimo salário e talvez um ano inteiro de férias viajando pelo mundo. Quando terminar, estará animadíssimo para entregar a lista e ver seus desejos concedidos. Infelizmente, você vai ter que esperar mais um pouquinho enquanto nos aprofundamos melhor nessa experiência.

Se analisar sua lista com mais cuidado, verá que tudo isso que pediu não é o que realmente quer. Digamos que você tenha escrito que quer se casar com a pessoa amada numa cerimônia repleta de aves coloridas numa ilha do Havaí. Depois do casamento, quer ir morar numa bela casa, totalmente quitada, com vista para o mar e dois carrões na garagem. É seu sonho de infância. O problema é que não é isso que você quer de verdade. Sua mente lhe pregou uma peça. Digamos que você se case no Havaí, consiga a casa própria com vista para o mar e os carros na garagem exatamente como desejava, mas acaba descobrindo que se casou com uma pessoa horrível, que maltrata você. Em pouco tempo você percebe que seu casamento será o pior da história humana. Além disso, sua religião não lhe permite se divorciar. E aí, vai continuar querendo esse casamento? É pouco provável. Então não era realmente o casamento que você queria. Queria, isso sim, a bela experiência que achou que a realização desse desejo lhe proporcionaria. Então por que não pediu isso?

A mesma coisa vale para o novo emprego, os milhões no banco e o respeito de outras pessoas. Tudo bem, você pode ter tudo isso. Mas e se isso criar tanto estresse e preocupação a ponto de você acabar ficando tremendamente infeliz? Você ia querer seu antigo emprego de volta. Na verdade, o que você desejava não era o emprego, o dinheiro ou a aceitação – desejava o que isso supostamente lhe proporcionaria. Você queria felicidade, alegria e uma sensação de completo bem-estar. Que tal um estado de amor, beleza e inspiração constantes num nível nunca antes alcançado? Por que não pediu isso?

O que você fez foi permitir que algumas experiências passadas definissem o que você acredita que lhe trará felicidade. Não é assim que funciona. Muitas pessoas têm tudo isso que você incluiu na lista, mas nem sempre são felizes. Nada do que você já tenha vivenciado lhe proporcionou satisfação total durante muito tempo. Você sempre precisou de mais. Disse a vida inteira: "Se eu conseguir isso que eu quero, e se conseguir evitar aquilo que não quero, vou ficar bem." As listas de desejos sempre estiveram presentes na sua vida. Quando você vai perceber que isso não funciona? Se você vem tentando a mesma estratégia a cada minuto da sua vida sem nenhum resultado duradouro, é óbvio que isso nunca vai funcionar. Por que não ir diretamente à raiz do problema? Tente dizer: "O que eu quero é sentir amor e alegria. O que eu quero é que, a cada momento, eu possa sentir o bem-estar completo e absoluto. O que eu quero é sentir inspiração em tudo o que eu fizer." Agora, sim, temos uma lista. E é essa que devemos entregar.

O resultado mais interessante da nossa experiência é que ela nos afasta do que é mundano e nos aproxima da essência da espiritualidade. Não que "mundano" seja um termo negativo, significa apenas que você acha que a resposta está no mundo. Acha que a resposta está no que se desenrola à sua frente. Não é errado buscar no mundo aquilo que você supostamente deseja – o único problema é que isso não funciona. Você está tentando encontrar algo lá fora que seja adequado ao "samskara do dia". Assim que consegue o que quer, ou evita o que não quer, isso deixa de ser seu maior desejo ou maior medo. Você tira isso do seu caminho, mas sempre haverá a próxima questão vindo à tona.

Em algum momento, você acorda. Percebe que quer sentir amor. Não é que você queira amar alguém ou ser amado, quer apenas sentir amor o tempo todo. Quando não depende de nada nem de ninguém, o amor pode durar para sempre. É o que chamamos de *amor incondicional*. O grande mestre do yoga Meher Baba ensinou que o amor deve surgir espontaneamente de dentro. Não pode ser coagido e também não pode depender de nada. Isso é amor puro. Caso contrário, viveremos uma situação temporária que, por acaso, combina com os padrões que armazenamos. Infelizmente, não vai durar. São muitos os samskaras que você carrega aí dentro. Além disso, quando estamos num relacionamento, é preciso considerar que a outra pessoa também tem seus próprios padrões, bem diferentes dos nossos. Por isso relacionamentos são tão complicados. Não só o passado de cada pessoa é diferente, como também as duas pessoas têm experiências distintas dia após dia, o que só faz aumentar essa disparidade. Se alguém gritou com seu cônjuge no trabalho, ao voltar para casa ele estará diferente do que estaria se alguém o tivesse tratado bem. Você também tem essas experiências diárias. Se seu sentimento de amor depender de como a pessoa amada se comporta quando chega em casa, ambas as partes estarão em apuros. Se já é difícil lidarmos com nossos próprios samskaras, imagine ter que lidar também com os dos outros!

Não se assuste. Isso não significa que você não possa viver um grande amor. Existem relacionamentos lindos, que podem durar para sempre. Na verdade, podem ficar cada vez mais belos. Esses relacionamentos não são samskara, não se baseiam na necessidade de fazer com que o mundo lá fora coincida com nossos padrões internos. Baseiam-se no amor incondicional. Desde que o amor esteja sempre fluindo livremente dentro de você, será um prazer compartilhá-lo com o outro. Esse amor não se baseia em necessidades ou expectativas, é um amor puro que deseja expressar a si mesmo, incondicionalmente.

Como chegar a esse estado de bem-estar e amor incondicional? Em vez de tentar fazer com que o mundo corresponda aos seus bloqueios, você precisa se esforçar para deixá-los de lado. Esse é o segredo do verdadeiro crescimento espiritual. Essa é a verdadeira mudança de paradigma. Sem os samskaras, nada bloqueará seu fluxo de energia interior. Você sentirá amor, alegria e inspiração o tempo todo. Se estiver disposto a se entregar ao momento que se apresenta à sua frente, você terá a oportunidade de se inspirar em tudo. O simples fato de as coisas existirem bastará para comovê-lo.

Você só tem duas opções: *ou dedica a vida a fazer com que o mundo corresponda aos seus samskaras, ou dedica a vida a deixá-los de lado.* Se escolher a segunda opção, você não terá uma vida mundana e outra espiritual, terá uma única vida. Trabalho, retiros de meditação, tirar o lixo, varrer a casa, dirigir, tomar banho... tudo será igual. Todas as atividades terão algo em comum: você estará abandonando seus bloqueios. Você verá os benefícios em todas as situações – quando estiver trabalhando, levando os filhos à escola, guardando as compras do supermercado ou fazendo qualquer outra coisa. A cada instante da sua vida, você desfrutará naturalmente de tudo o que existe e deixará de lado o que o impede de fazer isso. Quando abandonar os desejos e medos que o limitam, você ficará bem o tempo todo. Abrir mão de si mesmo, em vez de estar acorrentado a si mesmo, é a verdadeira mudança de paradigma.

28

Trabalhando com o coração

Interagimos com a vida a cada segundo do nosso tempo na Terra. Se quisermos crescer espiritualmente, temos que aprender a usar essa interação para eliminar nossos bloqueios. Isso acaba nos levando de volta ao coração, pois é ali que os bloqueios são armazenados. Como vimos, o coração vivencia inúmeras emoções e sentimentos com base nos samskaras acumulados. Nossa incapacidade de lidar com a amplitude dessas emoções nos mantém presos no dilema humano de controlar a vida para que tudo fique bem. Se você deseja se libertar e viver incondicionalmente, precisa aprender a limpar seu coração.

Começamos a purificar o coração quando sentimos gratidão por ele existir. O coração é como uma orquestra. Você já assistiu a um filme sem trilha sonora? Não tem graça nenhuma. Quando acontece alguma coisa na sua vida, a orquestra do coração começa a tocar. Ela enriquece a vida com notas graves e agudas, que geralmente são apropriadas aos eventos que se desenrolam diante de nós. O coração não é um obstáculo ou um castigo; é um belo presente. Você acharia melhor não ter coração e passar pela vida sem sentimentos?

Se a mente humana é algo extraordinário, capaz de nos levar além dos limites dos sentidos, o coração humano é mais extraordinário ainda. É capaz de tocar notas que vão de uma extremidade à outra do espectro. Pode ir do êxtase absoluto a uma enorme tristeza em questão de segundos. Pode nos levar às alturas, como se asas de anjos nos estivessem elevando ao céu, mas também pode nos deixar na mais profunda escuridão. O coração é capaz de fazer tudo isso, sem nenhum esforço próprio. Que instrumento incrível carregamos dentro de nós! O problema é que você não está confortável com toda essa variação de sentimentos. Você quer controlar seu coração para que ele só toque as notas com as quais você consegue lidar.

Espiritualidade é aprender a agradecer ao coração pelas belas expressões que ele está criando dentro de você. Infelizmente, você vai descobrir que não pode fazer isso o tempo todo. Seu coração é capaz de gerar vibrações que você não está disposto a experimentar. É como se você não fosse evoluído o suficiente para lidar com a plenitude do seu coração, por isso resiste. Assim como você resiste ao mundo quando ele não é como você quer, você também resiste ao seu coração quando não se sente à vontade com o que ele está expressando.

À medida que você se expande e cresce espiritualmente, vai se sentindo cada vez mais confortável com o mundo exterior e aprende a lidar com uma gama maior de acontecimentos diários. O mesmo se passa com seu coração. À medida que você cresce espiritualmente, honrando suas experiências cotidianas, você aprende a se sentir mais à vontade com o próprio coração. Quando criança, ao sentir medo ou ciúme, talvez você tenha tido muita dificuldade de lidar com essas emoções. Com o tempo você foi se acostumando e pelo menos tentou lidar com elas. No início, o melhor que você conseguia fazer era tentar se controlar e manter as aparências. Embora isso não seja necessariamente saudável, é melhor do que se perder por completo e deixar as emoções tomarem conta. Uma emoção desenfreada pode mudar o curso da sua vida – e, em geral, não para melhor.

Pouco a pouco, à medida que você aprende a aceitar que as emoções são uma realidade da vida, elas vêm e passam, se você deixar. Isso é evolução espiritual. Assim como o corpo evoluiu ao longo de eras e eras de experiências externas desafiadoras, a alma evolui através do fogo das experiências interiores. Não que um ser superior não tenha emoções; é que ele está em paz com elas. Consegue lidar com as várias mudanças pelas quais passa o coração. Se alguém que você conhece morre, é natural ter uma sensação de perda. Se for uma pessoa próxima, você vai ficar triste. É assim que o coração se expressa em harmonia com o que está acontecendo. Como um instrumento que toca uma bela música, seu coração compõe uma canção de tristeza para você. O problema é que você não se sente bem com isso. Em algum momento, vai perceber que a emoção em si não é o problema – o problema é sua incapacidade de lidar com ela. Cá estamos nós de novo: você quer passar a vida controlando o mundo para que seu coração nunca sinta as emoções que você julga desagradáveis? Ou quer se dedicar ao trabalho evolutivo de se sentir à vontade com seu coração?

Assim como no caso da mente, se você quiser trabalhar com seu coração, primeiro é preciso entender por que ele é desse jeito. Você já deve ter percebido que ele pode ser sensível, volátil, de difícil convivência. Seu coração é assim porque você não conseguiu lidar com as emoções naturais que ele criou. Você resistiu a elas, que então ficaram armazenadas dentro de você em forma de energia. Agora você está em apuros. Como se não bastasse ter rejeitado padrões de pensamento, você também rejeitou as vibrações do seu coração. Esses padrões de energia bloqueados estão bagunçando seus sentimentos. Seu coração ficou desequilibrado e já não consegue se abrir para expressar emoções saudáveis. Digamos que uma pessoa faça algo que lhe provoque medo. Há momentos em que o medo é uma reação normal e saudável aos eventos externos. Mas você não consegue lidar com essa emoção e a suprime para afastá-la de sua consciência. Mais tarde, fica sabendo que aconteceu uma tragédia com essa pessoa. Em vez de compaixão, você sente alívio. Suas emoções não estão mais em harmonia com as situações externas; pelo contrário, estão liberando as energias bloqueadas de suas experiências passadas.

Crescer espiritualmente envolve consertar o coração e recuperar o bem-estar. A essa altura já deve estar bem claro que o problema não está lá fora; o problema está na sua incapacidade de lidar plenamente com a maneira como seu coração expressa o mundo. A solução é aprender a lidar com essas expressões; isso constitui a essência do crescimento espiritual. As sensações de perda, medo ou raiva no coração são apenas objetos de consciência que seu Eu está vivenciando. Elas só o magoarão se você oferecer resistência. Na realidade, são sentimentos que o tornam mais rico simplesmente por tê-los vivenciado. *Toda experiência faz de você uma pessoa maior, desde que você não ofereça resistência.*

Faça as pazes com as expressões do seu coração. Às vezes parece impossível ficar à vontade com emoções incômodas, mas a verdade é que já somos especialistas nisso. Vejamos o exemplo de *Romeu e Julieta*. Como tragédia, a experiência não é nada divertida. Digamos que um grupo teatral chegue à sua cidade para uma apresentação da peça de Shakespeare. O trabalho deles é tão bom que lhe arranca lágrimas numa intensidade que você jamais sentiu antes. A apresentação foi visceral. O que você faz? Recomenda a peça aos amigos, dizendo: "Passei três dias seguidos chorando. Foi impressionante. Tocou no fundo do meu coração. Nunca senti tanta tristeza. Quero ver a peça de novo, e quero que vocês vejam também." Bom, se uma tragédia como essa acontecesse na vida real, você não estaria louvando a grandeza da emoção, ficaria traumatizado pelo resto da vida. Essa é a diferença entre aceitar o que seu coração expressa e resistir a isso.

A criação colocou uma orquestra completa dentro de você, de graça, tornando sua vida muito mais interessante e vibrante. Pare de resistir e aprenda a desfrutar do seu coração. Não se trata de se perder nas emoções. Trata-se, isso sim, de se dispor a vivenciá-las da mesma forma que vivencia um belo pôr do sol. Você simplesmente deixa o pôr do sol entrar. Não precisa fazer nada. Basta permitir que a consciência note o que está à sua frente. Às vezes você se depara com um belo pôr do sol; às vezes, com uma sensação de perda. Mas o processo é exatamente o mesmo: é a consciência vivenciando um objeto. Você não está se apegando a esse momento nem o suprimindo. Está simplesmente vivendo a experiência.

Se você se apegar ao objeto, ele vai permanecer. Se suprimi-lo, ele vai permanecer também. E, quando ele permanece, distorce a realidade. Você deixa de estar aberto para a vida e tende a ser contra certas coisas e a favor de outras. Os samskaras têm enorme energia. Distorcem a percepção da vida, e você acaba pagando o preço. Pensamentos e emoções suprimidos apodrecem sob a superfície. Surgem nos mais variados momentos e causam sérios problemas na sua vida. Foi o que Freud nos ensinou, e também as Upanixades milhares de anos antes dele. Aprender a fazer as pazes com seu coração é um grande passo para se livrar do dilema humano que todos nós enfrentamos.

29

Nem supressão, nem expressão

É verdade que você não quer suprimir emoções, mas também não quer que elas comandem sua vida. Existe um lugar sagrado entre supressão e expressão: a pura e simples experiência. Nesse estado, você não suprime a energia internamente nem a expressa externamente. Está apenas disposto a vivenciar a energia que vem da sua mente e do seu coração. A tristeza da morte e a alegria do nascimento chegam aí dentro e alimentam sua alma. Penetram fundo no centro do seu ser. Não é você quem as toca, mas é tocado por elas. Tudo é apenas um presente de Deus. A mente é livre para pensar e o coração é livre para sentir. Tudo isso deixa você em paz, num estado de gratidão. É assim que a vida deveria ser.

No entanto, existem pensamentos e emoções com os quais você não consegue lidar. Você resiste a eles e constrói um mundo mental em torno do que armazenou aí dentro do seu ser. Nesse estado, você só sente gratidão quando consegue o que quer ou evita o que não quer. Mas chega o momento em que você acorda e percebe que tem trabalho a fazer, trabalho de verdade. E esse trabalho não é lá fora; é aí dentro. Esse trabalho se torna sua prática espiritual. Para conseguir o que realmente deseja – alegria, amor, entusiasmo e paixão por cada momento da sua vida –, você precisa se libertar dos padrões armazenados. O problema é que, embora constate essa necessidade, muito em breve sua mente vai revidar. Isso porque o caminho interno não se ajusta aos padrões que a mente costuma seguir para ficar bem.

Os únicos dados que a mente tem hoje se baseiam nas experiências que ela própria vivenciou, por isso ela sempre acha que tem razão. Faz parte do dilema humano. Entenda de uma vez por todas que a mente sempre vai achar que tem razão. Só que ela não tem; conhece apenas aquilo que vivenciou. Ela não conhece as experiências que deixou de ter – um arcabouço de conhecimentos infinitamente maior. É por isso que Lao-Tsé afirmou que o sábio não argumenta. Afinal, por que argumentaria? Você pensa de um jeito, seu interlocutor pensa de outro. Os dados que a mente da outra pessoa armazenou dizem uma coisa, e seus dados armazenados ao longo da vida dizem e enxergam outra totalmente diferente. Não há nada que você possa fazer, exceto ter humildade para perceber que a realidade que você está percebendo a todo momento equivale a menos de 0,00001% de tudo o que está acontecendo em qualquer outro lugar. É insignificante, quase zero. O que temos é basicamente um monte de experiências minúsculas que somam zero. A mente pessoal está tão presa em si mesma que nunca vai querer encarar essa verdade.

Mas ensinamentos espirituais profundos aceitam esse fato. Pedem que você olhe para o mundo à sua volta e perceba que esse instante levou bilhões de anos para se manifestar diante de você. Aceite isso. Honre isso. Renda-se a isso. Para começar, é preciso aceitar a realidade, não resistir a ela. Não se trata de fazer ou não fazer nada, e sim de abdicar da sua resistência inicial àquilo que existe. Você vê o que se apresenta e então libera tudo o que surgiu devido aos seus samskaras armazenados. Sua mente com certeza vai começar a tagarelar nesse momento, expressando gostos e desgostos. Só não lhe dê ouvidos. Afinal, por que você faria isso? São apenas seus bloqueios pessoais tentando se sobrepor à realidade.

Agora você entende o que está aceitando: você está se rendendo à realidade. O que mais ela significa? A realidade é a verdade, pelo menos uma verdade momentânea. Trata-se do que é real *versus* as impressões mentais do passado, que são simplesmente resquícios de pensamentos. Para lidar com essas impressões mentais, é preciso perceber que elas são perfeitamente naturais. A realidade vai se apresentar à sua frente e atingir seus bloqueios, e então sua mente vai querer falar sobre isso. Tudo bem, que seja – você só não precisa ouvi-la. Simples assim. Se você entende que sua mente não sabe do que está falando, para que lhe dar ouvidos? Como vimos, a mente pessoal não conhece nada senão os dados que coletou. Esses dados não são nada comparados ao conjunto universal de informações que ela deixou de coletar a cada momento. Podemos dizer que os dados que a mente possui são *estatisticamente insignificantes*. É por isso que a mente muda de ideia toda hora. Alimente-a com mais uma experiência, e ela vai passar a ver as coisas de outra maneira. O curioso é que continuamos a lhe dar ouvidos mesmo assim.

Uma pessoa sábia não renuncia ao mundo; ela honra a realidade que está se desenrolando à sua frente. Da mesma forma, uma pessoa sábia não renuncia ao uso da mente; ela apenas não ouve a mente pessoal que está perdida em pensamentos sobre si mesma. A mente pessoal não vai resolver seus problemas. Ela está fazendo o melhor que pode com os dados limitados que possui, mas suas tentativas costumam ser infrutíferas.

Quanto ao coração, uma pessoa sábia permite que ele se expresse livremente em seu mundo interior, mas não se perde nele. Quando alguém diz "Siga seu coração", provavelmente não está se referindo ao coração pessoal, que vive desgovernado. Felizmente, existe um coração superior que podemos seguir. Assim que passa pelo meio do quarto chakra, a energia entra num coração mais profundo, que nunca muda. Há um fluxo constante de energia, gerando ondas de felicidade tão fortes que você mal consegue se concentrar no que acontece lá fora. A energia toma conta de você, levando-o de volta a um estado de paz que desafia seu entendimento. Você sente paz quando consegue o que deseja, o que é compreensível. Mas essa paz também pode se derramar sobre você e permanecer aí sem motivo algum, completamente incondicional – é isso que seu coração superior tem a lhe oferecer. Essa é a dádiva do coração espiritual.

Para vivenciar seu coração espiritual, você precisa aprender a se elevar acima do coração pessoal. O coração pessoal é muito forte e emotivo. Passar por ele não é fácil, mas também não é impossível. Primeiro verifique se as expressões do seu coração se baseiam na realidade atual ou nos pensamentos da sua mente. Pensamentos sobre o que deu errado no passado, ou sobre o que pode dar errado no futuro, criam emoções em total descompasso com a realidade. A bagunça que isso pode fazer no seu coração é infinita. As energias que se acumulam no coração precisam ser liberadas, por isso elas transbordam para a vida exterior e às vezes criam enormes transtornos.

Emoções que estão alinhadas com a realidade atual geralmente são saudáveis e sustentam sua qualidade de vida. Quando coração e mente estão em harmonia com a realidade, as energias não precisam se libertar para o exterior, porque não existem bloqueios. A potência dessas energias desbloqueadas que passam pelo coração inferior pode então ser utilizada para alcançar as partes mais altas do coração. Como não há supressão nem expressão, estados espirituais mais profundos podem começar a se manifestar. Você pode continuar contribuindo com o que está acontecendo lá fora, mas suas ações já não serão mais de natureza pessoal. Serão simplesmente belas interações, momento a momento, com a realidade que se encontra a serviço do fluxo da vida.

Chegar a esse estado requer limpar os samskaras que estão bloqueando o fluxo de energia e parar de armazená-los. Para fazer isso, aprenda a lidar com seu coração. Isso requer prática, como aprender a tocar piano, por exemplo. Vamos explorar esse processo mais detalhadamente nos próximos capítulos. É necessário haver uma mudança de atitude: você começa a aceitar que as coisas vão acontecer e vão chegar ao seu coração, e que sua mente vai criar pensamentos para liberar as energias acumuladas. Você então se compromete a ficar bem com esse processo. Essa atitude de aceitação é muito diferente de suprimir as emoções e os pensamentos ou de se perder neles. Apenas honre o que o coração está fazendo e aprenda a relaxar. As emoções serão como uma brisa soprando em seu rosto. Você não precisará fazer nada, só aproveitar a experiência.

Valorize o trabalho que seu coração está fazendo para eliminar os samskaras que você armazenou ao longo dos anos. Seu coração fará todo o trabalho – basta que você permita que a purificação ocorra. No começo, não é fácil relaxar diante do que você passou a vida inteira evitando. Mas certamente vale a pena, porque a recompensa é amor, liberdade e inspiração constante. Afinal, você já passou por tanta dor, com tão pouco ganho...

A conclusão é que você é um ser lindo. Um ser de amor, luz e inspiração, feito à imagem de Deus. Esse Deus que criou todo o universo existe dentro de você, mas você não percebe. Está perdido, pensando que o mundo lá fora tem que ser de determinada maneira para você se sentir bem. Esse é o grande dilema humano, e nada vai mudar muito se você não aprender a viver num lugar mais profundo. Para dar um fim a esse dilema, você tem trabalho pela frente: vai precisar trabalhar em si mesmo. Nas palavras de Rumi, o grande poeta persa do século XIII: "Ontem eu era inteligente, por isso queria mudar o mundo. Hoje sou sábio, por isso estou mudando a mim mesmo."

PARTE VII

Aprendendo a se libertar

30

Técnicas de libertação

Racionalmente, não faz sentido guardar dentro de nós as experiências que mais nos incomodaram. Se o fizermos, vamos acabar construindo internamente um cenário de horror e continuaremos tentando, sem sucesso, nos sentir à vontade aqui dentro. É isso que causa ansiedade, tensão e transtornos psicológicos. A solução é cortar o mal pela raiz. Enquanto mantivermos dentro de nós tudo o que nos incomodou dez ou vinte anos atrás, vamos permanecer sofrendo.

Como a intenção é você usar cada momento da vida para se libertar, a questão agora é saber como fazer isso. Acredite se quiser: a intenção sincera de ser livre é mais importante do que qualquer técnica que possamos usar. Se entendeu esses ensinamentos, já percebeu que não quer bloqueios aí dentro onde você vive. Eles dificultam muito a sua vida. Por isso faz sentido você querer liberá-los. Tradicionalmente, existem algumas técnicas poderosas que você pode aplicar no seu dia a dia para alcançar essa liberdade. Vamos dar uma olhada em três delas.

A primeira técnica se chama *pensamento positivo*. Yogananda ensinava que, toda vez que você tem um pensamento negativo, deve substituí-lo por um positivo. É uma técnica muito básica e útil para trazer mudanças. Baseia-se nos dois tipos de pensamentos que discutimos anteriormente: aqueles criados de propósito e os que surgem automaticamente. Quando você está dirigindo e sua mente não o deixa em paz, você está sendo invadido por pensamentos automáticos. Eles não foram criados propositalmente. Agora tente criar pensamentos positivos sobre a mesma situação. Se o motorista à sua frente está dirigindo muito abaixo do limite de velocidade, você pode dizer a si mesmo: "Vou aproveitar para relaxar. Não posso ir mais rápido porque o carro à minha frente não deixa. Acho que é hora de ver como anda minha respiração, me acalmar e aprender a desfrutar da experiência." Adote essa prática no seu dia a dia. Você não está se digladiando com a mente nem afastando os pensamentos negativos. Está simplesmente substituindo os pensamentos automáticos por outros, criados de propósito. Não lute, não resista, apenas substitua uma coisa pela outra. Não importa se os pensamentos negativos continuam em segundo plano; basta se concentrar nos positivos que está criando intencionalmente. Com o tempo, os pensamentos criados de propósito substituirão os pensamentos automáticos. É uma prática muito saudável. Basta aplicar seu arbítrio para compensar ou neutralizar o efeito dos samskaras. Com o tempo, você acabará desenvolvendo uma mente mais positiva, um ambiente muito mais agradável de se viver.

A segunda técnica é bastante tradicional e popularmente conhecida como *mantra*. Em seu sentido mais amplo, "mantra" significa uma palavra ou expressão que repetimos várias vezes até não sair mais da nossa mente. Assim como uma música que não nos sai da cabeça, o mantra pode fazer o mesmo. Já vimos que a mente pode funcionar em camadas. Você pode estar prestando atenção no que alguém está falando e continuar pensando em outra coisa lá no fundo. A mente é tão brilhante que pode ser multitarefa. É capaz de criar pensamentos em vários níveis, e você pode estar ciente de todas essas camadas ao mesmo tempo. O mantra oferece uma camada que estará sempre ali – equilibrada, agradável, um lugar seguro para descansar. À medida que o mantra continua se assentando naturalmente, sem esforço, você tem a opção de escolher a camada da mente na qual quer se concentrar. Quando os pensamentos habituais surgirem de seus samskaras, já não será preciso brigar com eles nem mesmo substituí-los. Bastará mudar o foco da consciência para o mantra. Na técnica do pensamento positivo, usamos continuamente nosso arbítrio para trocar pensamentos negativos por outros mais agradáveis. Na técnica do mantra, simplesmente usamos nosso arbítrio para tirar o foco dos pensamentos gerados pelos samskaras e transferi-lo para o mantra.

O mantra é uma dádiva. É como se fossem férias inesperadas. Se você fizer o trabalho necessário para incutir o mantra numa camada da mente, ele vai mudar sua vida. Em primeiro lugar, não precisa ser um mantra tradicional em sânscrito como *Om Namah Shivaya* ou *Om Mani Padme Hum*. Pode ser um nome ou palavra que você use para se referir a Deus, como Jesus, Adonai ou Alá. Na verdade, *Deus, Deus, Deus* é um mantra muito poderoso. Se achar que tudo isso é religioso demais para o seu gosto, experimente algo como: *Estou sempre bem, estou sempre bem, estou sempre bem.* Como seria bom se lembrar de qualquer uma dessas opções ao longo do dia!

Não é difícil incutir o mantra na mente. O segredo está na repetição. Você pode começar a repeti-lo enquanto se dedica às suas práticas espirituais pela manhã e no fim da tarde. Mesmo quinze minutos por dia já farão diferença. Uma boa técnica é associar o mantra à respiração. Ao longo do dia, busque seu mantra sempre que estiver seguindo uma determinada rotina. Por exemplo, repita-o algumas vezes antes de atender o telefone e depois de desligá-lo. Isso levará só alguns segundos, mas será um grande investimento para você se tornar um ser mais consciente e centrado. Faça isso sempre que entrar ou sair do carro, ou quando entrar ou sair de casa ou do escritório. Ninguém vai notar. É apenas um momento de pausa que, com o tempo, vai mudar tudo. Antes de comer, mentalize seu mantra. Se estiver comendo sozinho, pode se entreter com o mantra enquanto mastiga a comida. Faça da prática um jogo – quantos eventos recorrentes na sua vida cotidiana podem servir de lembrete? Aqui está um bom uso do seu smartphone: grave um áudio do seu mantra e o coloque para tocar de vez em quando. Assim, você treinará sua mente para que o mantra esteja sempre rodando em segundo plano ao longo do dia.

Mesmo que tenha feito todo esse esforço de trabalho espiritual, o dia fatídico inevitavelmente chegará. Alguma coisa vai acontecer e suas emoções ou pensamentos começarão a se perturbar. Você estará prestes a perder o controle, mas o mantra chamará sua atenção o suficiente para lhe oferecer uma escolha: subir ou descer. Na mesma hora, sua consciência desviará o foco da confusão e se voltará para o mantra, e isso muda sua vida. O mantra não impede você de ter pensamentos construtivos; ele fica aí, como uma rede de proteção, para pegá-lo se você ameaçar cair. Quando você finalmente tiver tempo de se concentrar de verdade no seu mantra, paz e bem-estar preencherão o seu ser. Será como tirar férias da mente pessoal. Que tal ver a tensão e o estresse desaparecerem enquanto você se joga nos braços do mantra? Tudo isso está disponível para você – de graça. Basta estar disposto a investir em si mesmo. Observe que, ao usar o mantra, você aprende a renunciar ao domínio da mente pessoal sobre você.

A terceira e última técnica que discutiremos para ajudá-lo a se libertar de si mesmo é conhecida como *consciência testemunha* e inclui a poderosa prática de relaxamento e liberação. É uma técnica mais profunda do que as outras porque, em última análise, não requer trabalhar com a mente. A técnica do pensamento positivo envolve criar pensamentos agradáveis para substituir os mais incômodos. A técnica do mantra envolve criar uma camada mental que seja um ambiente pacífico e estável para nos elevarmos acima das camadas inferiores. Já a técnica da consciência testemunha consiste em simplesmente perceber que você está percebendo o que a mente está fazendo. Você não precisa interagir com a mente. Não precisa fazer nada. Basta ser aquele que percebe que a mente está criando pensamentos, e que você está ciente deles. Para isso, você não pode se deixar perturbar pelos pensamentos que estão sendo criados. Se os pensamentos o incomodarem, você deixará o lugar da observação objetiva e tentará mudar a mente. Para alcançar a consciência testemunha, é preciso estar disposto a deixar os pensamentos serem o que são e simplesmente estar ciente de que você está ciente deles.

Se quiser experimentar a verdadeira consciência testemunha, olhe para o que está à sua frente. Está vendo o que está aí? Não pense nisso, apenas observe. Isso é consciência testemunha. É *só ver*. Você está simplesmente a par do que está aí. Agora olhe ao seu redor. Pratique o imediatismo de simplesmente enxergar. Perceba que seus pensamentos muitas vezes têm algo a dizer sobre o que você enxerga. Você pode simplesmente notar esses pensamentos, como notou o mundo lá fora, ou você precisa fazer alguma coisa a respeito deles? Pensamentos e emoções surgem por conta própria. Ótimo, agora simplesmente os observe.

Quando conseguir apenas observar o que está acontecendo na sua mente e no seu coração, você vai notar que nem sempre se sente à vontade com o que está acontecendo aí dentro. Além disso, tendemos a querer, intencionalmente, tomar alguma atitude. É natural. Se quiser fazer algo a respeito, apenas relaxe, embora isso certamente não seja algo intuitivo. Para se proteger da perturbação interior, você vai querer se livrar dela. Mas isso só piora as coisas. Você é, sim, capaz de simplesmente relaxar e não se envolver com as energias da confusão aí dentro. No começo parecerá impossível, porque você está tentando relaxar a perturbação em si. Não faça isso. Quem precisa relaxar é *Você*. Você, que percebe a perturbação, não é a perturbação. Você está apenas a testemunhando, e é você quem deve relaxar diante dela.

Você deve ocupar a posição da consciência, aí dentro, assistindo ao balé da mente e do coração. E esse lugar aí dentro é muito natural. Se não se deixar sugar pelos pensamentos e emoções, você vai conseguir relaxar e apenas observar. Não pense sobre isso. Assim que notar o que estiver acontecendo, relaxe. Relaxe os ombros, a barriga, as nádegas e, o mais importante, relaxe o coração. Mesmo que o coração em si não relaxe, a área ao redor dele vai relaxar. Você tem força de vontade aí dentro, então a use. É para isto que você deve usar seu arbítrio: para relaxar e liberar. Primeiro relaxe sua resistência inicial, em seguida libere a energia conturbada que vem à tona. Quando faz isso, você está realmente facilitando a liberação dos samskaras que causam seus conflitos internos. Você está dando a eles mais espaço para se libertar, porque você parou de lutar com os pensamentos e emoções que eles estão criando. E aí chegará o momento em que não haverá mais luta, pois você distanciou seu Eu da mente ruidosa. Para ser livre, você precisa dessa distância, precisa separar o sujeito do objeto.

Espiritualidade não é mudar os objetos que estão à sua frente. Espiritualidade é aceitar os objetos sem ser sugado por eles. É render-se e ficar em paz com o que a mente e o coração estão fazendo. Quando você fica totalmente à vontade com tudo o que pode vir de sua mente e de seu coração, eles param de perturbar você. Você ainda não sabe disso, mas é verdade. As pessoas costumam perguntar se a mente continuará tagarelando mesmo depois de estarem em paz com ela. A mente só está tagarelando porque você não se sente bem, então ela tenta descobrir um jeito de fazer as coisas como você quer. Quando você está bem aí dentro, não há muito sobre o que falar. Quando está na presença de alguém que você ama, não pensa em como encontrar o amor.

Simplesmente vivencia a beleza desse sentimento. Da mesma forma, quando você se sente bem aí dentro, não pensa no que precisa fazer para ficar bem. Apenas relaxa num estado de calma, paz e bem-estar. Mas para isso é preciso estar bem com seus pensamentos e emoções. Relaxar na presença deles é um bom começo para se sentir bem em relação a eles. Se não conseguir relaxar intencionalmente diante de pensamentos e emoções, você vai ter que fazer alguma coisa a respeito. Será engolido por eles e tentará fazer algo para corrigir o que o incomoda. Melhor simplesmente relaxar e dar aos samskaras o espaço necessário para se libertarem. Ao relaxar e voltar à consciência testemunha, você se rende à realidade do que está acontecendo.

Primeiro relaxe, depois aproveite. Você, o observador, deve se distanciar daquilo que está sendo observado. Não precisa pensar nisso. Basta notar que o que você vê está bem longe, inclusive pensamentos e emoções. Agora, afaste-se do ruído que tudo isso produz. A mente e as emoções fazem barulho, mas isso não é problema. Relaxe e se afaste do barulho. Ao fazer isso, você cria distância entre *Você* (a consciência) e os objetos da consciência (os pensamentos e emoções). A essa distância, os samskaras têm espaço para liberar a energia acumulada. É natural que isso gere desconforto. Os samskaras foram armazenados com dor, então serão liberados com dor também – se você permitir. Mas é uma dor que põe fim a todas as outras dores.

31

Os frutos mais fáceis de colher

A melhor maneira de deixar de lado a dor e o sofrimento armazenados internamente é praticar. Assim como um pianista pratica escalas enquanto aprende a tocar piano ou um atleta pratica o esporte de sua escolha, é preciso praticar a libertação. Começamos pelo mais simples: é o que chamamos de *frutos mais fáceis de colher*. Todo dia, ocorrem situações que lhe provocam perturbação interna sem motivo algum. Preocupar-se com o carro mais lento à sua frente não adianta nada. Isso só deixa você cada vez mais tenso. É 100% custo e 0% benefício. Abandonar esse hábito deveria ser fácil, mas não é. Você vai perceber que tende a insistir e exigir que as coisas sejam do jeito que você quer, mesmo que isso não faça sentido. As coisas são como são graças a todas as influências que as fizeram assim. Você não vai mudar a previsão do tempo apenas reclamando. Se for sábio, vai começar a mudar suas reações à realidade, em vez de combatê-la. Ao fazer isso, mudará seu relacionamento consigo mesmo e com tudo o mais à sua volta.

Comece com pequenas coisas para provar a si mesmo que é capaz de fazer isso. Nesse estágio, trabalhar em si mesmo significa deixar fluir. Assim que conseguir relaxar e se libertar de coisas relativamente fáceis, você vai descobrir que também consegue lidar com situações mais complexas. É como se estivesse treinando para lidar com seu próprio Eu.

Muitas situações corriqueiras se enquadram na categoria de "frutos mais fáceis de colher". Um bom ponto de partida seria sua reação ao clima. Acredite se quiser: é possível usar as condições do tempo para um enorme crescimento espiritual. Lá fora você vai encontrar frio, calor, vento, chuva, baixa umidade... as condições climáticas nada têm a ver com você. Têm a ver com as forças que as fazem ser como são. Se você não sabe lidar com o tempo sem se aborrecer, como vai lidar com tudo o mais? Reclamar do tempo é um exemplo perfeito de 100% custo e zero benefício. O que você ganha reclamando? Nada, exceto ficar chateado. "A temperatura hoje estava horrível. Um calor de rachar. Passei o dia suando. Odiei." Parabéns, você estragou seu dia e não conseguiu melhorar o clima.

Mas você pode começar a trabalhar consigo mesmo. Quando a mente reclamar do clima, não resista a ela. Se quiser, use a técnica do pensamento positivo. Por exemplo, quando a mente começar a reclamar ("Está muito quente hoje, estou morrendo de calor"), questione-se: "De onde vem esse calor? O que significa 'estar muito quente'?" Use a mente para lembrar que existe uma estrela a milhões de quilômetros da Terra cuja temperatura é tão alta que conseguimos sentir seu calor daqui. Isso é impressionante. Use sua mente superior para valorizar e respeitar a realidade, em vez de reclamar dela. Quando faz isso, você está escolhendo usar a mente para algo positivo e construtivo. Você está se elevando.

Embora a prática do pensamento positivo seja benéfica, no fim das contas o que você precisa fazer diante de um aborrecimento é relaxar e deixar fluir. Se você escolher relaxar e deixar fluir, não sentirá tanto calor assim. Afinal, *Você* aí dentro não sente calor – só vivencia a sensação de calor do seu corpo. Você está bem no fundo de si mesmo, vivenciando a experiência do calor. Se relaxar e reassumir o lugar da consciência, vai se afastar da parte de você que está reclamando do clima. E a mente vai continuar reclamando;

não adianta negar isso. Mas, se você relaxar e se afastar da origem do barulho, reassumirá o lugar do Eu.

Quando relaxamos e deixamos fluir, duas coisas acontecem. Primeiro, paramos de lutar com as coisas que perturbam nossa mente, e com isso elas ganham mais espaço para se libertar. Segundo, voltamos para o lugar do nosso Eu, o que nos faz crescer espiritualmente. Se você fizer isso com o clima, com o carro mais lento no trânsito, com outros frutos fáceis de colher, vai crescer dia após dia. E é fácil ver seu esforço dando resultado: você verá que a situação se resolve quando você deixa de se preocupar com ela. Não é preciso fazer mais nada. Você era o único problema e, assim que deixa de criar problema, a questão é resolvida. Se você simplesmente aceitar que está calor, ou que está chovendo, não haverá mais nada a fazer a respeito disso. Se aceitar as inúmeras coisas insignificantes que costumam incomodar você, não será preciso fazer mais nada. É assim que identificamos os frutos mais fáceis de colher.

Por outro lado, pode ser que você se liberte das suas reações e ainda assim precise lidar com um problema remanescente. Nesse caso, você terá trabalho a fazer no mundo lá fora. Por exemplo, se perder seu emprego, será ótimo se livrar das suas reações negativas a essa demissão, mas você ainda vai ter que procurar um emprego novo. Deixar a vida fluir não isenta ninguém das suas próprias responsabilidades. Não se trata de abrir mão da vida, mas de abrir mão das nossas reações pessoais ao que nos acontece. Essas reações não nos ajudam a lidar com situações de maneira construtiva. Na verdade, elas obscurecem nossa capacidade de tomar boas decisões.

Assim, você vai descobrir que grande parte da sua perturbação interna se enquadra na categoria das pequenas coisas: são frutos mais fáceis de colher. O problema só existe porque você escolheu vê-lo desse ângulo. O problema é você, e isso não pode ser resolvido de fora para dentro. A verdadeira solução vem de dentro para fora.

32

O passado

Você está andando pela rua quando um outdoor desperta em você uma lembrança ruim do passado. Algo que talvez tenha acontecido há uns oito anos. De que adianta se aborrecer? Isso só estragaria seu dia, sem motivo algum. O fato de uma coisa ter causado aborrecimento no passado não significa que ainda deva incomodar você hoje. Afinal, já passou. Você não quer reviver a mesma situação, então acha que precisa ficar lembrando o tempo todo quanto ela foi horrível. Mas isso é como levar para casa uma comida estragada que lhe fez mal e prová-la todas as manhãs, só para não se esquecer do mal que ela lhe fez. Se você não faria isso com comida estragada, por que teima em fazer com experiências ruins?

Agora podemos voltar nossa atenção para outra área à espera de crescimento espiritual: o seu passado. Você até pode discordar disso por enquanto, mas seu passado também se encontra na categoria 100% custo e 0% benefício. Que benefício haveria em continuar sofrendo por algo que aconteceu no passado, mas que não está acontecendo agora? Sofrer por algo que já passou? Isso não traz benefício algum. Na verdade, isso só traz um custo enorme: prejudica sua saúde mental, emocional e até física.

Por outro lado, se você deixar as experiências fluírem completamente através de você quando estão de fato acontecendo, elas irão até o mais fundo do seu ser e se tornarão parte de quem você é sem deixar cicatrizes. Você vai simplesmente aprender com a experiência e crescer. Assim que digerir por completo uma experiência, você vai lidar naturalmente com ela, caso volte a acontecer. Digamos que você tenha queimado a mão no forno quando criança; nem por isso precisa viver com essa experiência dolorosa na cabeça. Não precisa ficar o tempo todo lembrando a si mesmo que pode se queimar ao tocar no forno quente. Quando faz isso, você cria um samskara em vez de simplesmente aprender com a experiência. Não se preocupe: de um jeito ou de outro, você vai saber muito bem que não se deve colocar a mão no forno quente.

Da mesma forma, quando você aprende a praticar um esporte ou a tocar um instrumento musical, não precisa ficar pensando em como fazer isso – os movimentos se tornam parte da sua natureza. Tornam-se algo totalmente natural. É assim que todas as suas experiências de aprendizado devem ser. Elas estão aí para quando você precisar delas, mas sem incomodá-lo quando não forem necessárias. Se você processar suas experiências corretamente, elas sempre estarão aí para servi-lo, nunca para assombrá-lo.

Façamos um exercício que talvez ajude você a entender o que significa processar algo completamente sem ter que racionalizá-lo. Concentre seu olhar na cena que vê à sua frente. Foi difícil? É claro que não. Você não teve que se esforçar para nada; estava tudo aí, diante dos seus olhos. Agora digamos que o artista mais talentoso do mundo ligue para você e diga que quer pintar a imagem que você está vendo agora, neste exato momento. Quanto tempo você levaria para descrever a cena? Estamos falando aqui de cada tonalidade, reflexo de luz, variações nos tons de madeira... cada detalhe. Seria uma longa conversa ao telefone. No entanto, você viu tudo num bilionésimo de segundo. Essa é a diferença entre uma consciência que simplesmente vê e uma mente que tenta processar o que foi visto.

Essa diferença vale para todas as experiências de vida. Quando temos uma experiência, ela pode apenas entrar e tocar diretamente nossa consciência. Ela não precisa que a mente a julgue como desejável ou indesejável e depois a armazene. Assim como você foi capaz de ver a cena diante dos seus olhos nos mínimos detalhes sem "pensar" a respeito, você também pode integrar ao seu ser a plenitude de suas experiências sem precisar retê-las na mente. *Nada é mais valioso do que uma experiência totalmente processada e integrada ao nosso ser.*

Em quantos eventos do passado você gostaria de realmente colocar um ponto-final, em vez de ter que lidar com eles mental e emocionalmente, muito depois de terem ocorrido? Na verdade, para alcançar a mais profunda espiritualidade, você não pode ter dentro de si reminiscências do passado. Seu ontem precisa estar concluído – não suprimido, simplesmente concluído. Com o passar do tempo, quando os padrões bloqueados tiverem desaparecido, você vai perceber que restará somente o fluxo do espírito. Restará somente a coisa mais bela que poderia existir.

Mas como podemos nos libertar do passado? É muito simples. Os bloqueios armazenados surgirão por conta própria no seu dia a dia; quando isso acontecer, permita que eles fluam. Não há segredo algum aqui. É simples. Acontecimentos externos fazem com que padrões armazenados venham à tona. Ótimo, deixe que venham. Acontecerão coisas na sua vida que vão atingir seus samskaras. Se houver samskaras aí dentro, eles serão atingidos. O mundo é perfeito para o crescimento de cada um de nós, mas não pela razão que você imagina. O mundo é perfeito para o nosso crescimento porque estamos vendo o mundo através dos nossos próprios bloqueios. É a mesma coisa que acontece com o teste de Rorschach. O borrão de tinta no papel não foi adaptado para trazer à tona os nossos problemas individuais. Nós é que vemos a mancha pela lente dos nossos problemas e projetamos nela as nossas próprias questões. É por isso que o mesmo borrão de tinta funciona bem para qualquer paciente, assim como o mesmo mundo funciona perfeitamente para o crescimento de todos nós. Se quiser ver o que realmente está lá fora, você precisa se livrar das suas questões internas.

Os cientistas afirmam que não existe nada lá fora senão átomos feitos de elétrons, nêutrons e prótons. Nossos físicos quânticos vão ainda mais longe. Afirmam que na realidade existe apenas um campo quântico de energia pura que possui características de ondas e partículas. Nosso universo é composto pelas partículas subatômicas que emanam desse campo de energia (quarks, léptons e bósons). Você pode até não se importar com essas partículas, mas as estruturas criadas por elas chegam até nós através dos nossos sentidos, atingem nossos bloqueios armazenados e nos deixam pouco à vontade. Mas é você quem está causando esse desconforto; as partículas subatômicas não têm esse poder. Para se libertar, assim que notar o incômodo provocado pelos seus samskaras, deixe fluir. Não espere essa perturbação inicial tomar conta da sua mente. Você sabe muito bem que está começando a ficar chateado antes mesmo de se chatear. Você sente. Você sente quando uma coisa começa a incomodá-lo. Se quiser crescer espiritualmente, é hora de colocar a mão na massa.

Essa é a essência do crescimento espiritual. Se trabalhar em si mesmo, você vai criar um lindo lugar para viver. Isso é mais importante do que o casamento ou a família. É mais importante do que o trabalho ou a carreira. Trabalhe em si mesmo de maneira direta, não mais indireta. Ao criar para si um belo ambiente interior, você poderá ter um casamento maravilhoso, uma vida familiar incrível, um trabalho estupendo. Mas, se não der jeito na sua bagunça interna, continuará tentando usar situações externas para se sentir melhor. Isso pode até funcionar por um tempo, mas de nada adianta construir castelos de areia. A alternativa é: quando as coisas começarem a acontecer, assim que você sentir o primeiro sinal de mudança, relaxe. Nem sequer espere para ver do que se trata: só relaxe e deixe passar. É possível trabalhar com os samskaras em termos de energia, não em termos de pensamento. Trata-se de um processo muito mais profundo. Existem bloqueios aí dentro, mas eles não querem estar aí. Eles querem subir à superfície e se libertar. Entregar-se é deixá-los partir, em vez de resistir a eles e tentar suprimi-los. Você verá que nem sempre é agradável lidar com esses eventos do passado. Não foram nada agradáveis quando ocorreram, por isso mesmo você os afastou. Agora que querem se libertar, você pretende passar mais dez anos tentando empurrá-los de volta para as profundezas? Se você não levar a sério o trabalho que precisa ser feito, é exatamente isso que vai acontecer.

Em algum momento, você vai encarar com seriedade que o propósito da sua vida é livrar-se desses padrões armazenados. Seu passado mal resolvido está afastando você de Deus e impedindo que tenha uma vida linda. O mesmo esforço sincero que você dedica a um relacionamento ou à sua profissão, você aprende a usar para se libertar desses bloqueios. Lembre-se disto: não se trata de renúncia – trata-se de purificação. Trata-se de limpar seu interior para que você possa ter uma vida bela, tanto externa quanto internamente. Em algum momento do seu crescimento você vai reconhecer que, para se libertar, vale a pena o desconforto de deixar de lado os problemas do passado. Veja o que os atletas passam para chegar às Olimpíadas, treinamentos extremamente rigorosos para ganhar uma medalha de ouro. Durante um tempo, eles se orgulham da conquista, mas e depois? Depois a medalha se torna mais um ornamento na parede. Estamos falando de dedicar uma fração desse esforço para conquistar tudo; além disso, seu esforço continuará dando frutos pelo resto da vida. Imagine-se livre de bloqueios internos. Imagine ser capaz de desfrutar do mundo que se desenrola à sua frente. Você pode começar a apreciar a vida e participar dela de verdade. Quanto vale isso?

É o que acontece quando nos dispomos a abandonar o passado. Trata-se de uma prática espiritual muito importante. Você precisa ser capaz de olhar para trás e agradecer. Não importa o que tenha acontecido. Lembre-se: a cada momento há trilhões e trilhões de coisas ocorrendo no universo, mas você só vivencia uma delas. Como pode não apreciá-la? A experiência que você está tendo é a de existir na Terra. Sua vida é isto: uma sequência de experiências que você tem que vivenciar. Aprenda a amar seu passado e agradecer por tudo o que passou. Aceite-o plenamente, agradeça por tudo o que aprendeu e deixe de lado qualquer julgamento negativo. Seu passado pertence a você, a mais ninguém. Ele aconteceu. É sagrado. É lindo. Ninguém mais o viveu nem o viverá. Acolha seu passado, abrace-o, beije-o. Ame-o até a morte.

33

Meditação

Há muitas práticas que podem ajudar você na sua jornada espiritual. Ao adotá-las, lembre-se sempre de que sua intenção é deixar de armazenar bloqueios. Se retiros de fim de semana ajudarem nesse processo, vá em frente. Se a terapia for útil para você, vá com tudo. Outra técnica comprovada de crescimento espiritual é a meditação. Para meditar, é preciso deixar de lado sua relação tradicional com a mente e as emoções. Existem várias formas de meditação, mas todas têm por finalidade ajudar você a abandonar seu vício de se concentrar nos próprios pensamentos. Concentre-se na respiração, conte até 25, repita mantras, sinta a energia – em outras palavras, concentre-se em qualquer coisa, menos nos pensamentos que lhe vierem à cabeça. Ao praticar meditação, você vai aumentar muito sua capacidade de relaxar durante o dia. Relaxar na almofada de meditação e deixar as energias fluírem é o mesmo processo de quando você relaxa e deixa as energias fluírem durante qualquer outra atividade diária. Você vai acabar enxergando as coisas com mais clareza ao longo do dia e ficará sempre ciente do que está acontecendo dentro de você e no mundo lá fora. Um dos dons da meditação é essa clareza que alcançamos quando estamos presentes.

Existem diversas técnicas de meditação. Se você ainda não for adepto de nenhuma específica, experimente esta aqui: comprometa-se a sentar-se e relaxar durante um breve período duas vezes ao dia, de preferência sempre no mesmo horário. Isso exige disciplina para dar prioridade ao seu trabalho interior. As pessoas normalmente comem, acordam e dormem mais ou menos na mesma hora todo dia; conseguem também encontrar tempo para o trabalho e para os relacionamentos. Esse seu trabalho interior é mais importante do que qualquer outra coisa que você possa fazer. Em última análise, vai afetar mais a sua qualidade de vida do que todos os seus outros afazeres diários. Muitos instrutores de meditação têm afirmado que meditar quinze minutos pela manhã e quinze à noite já é um bom ponto de partida. Só isso já basta para trazer grandes benefícios. Simplesmente reserve um tempo para sentar-se em silêncio num lugar tranquilo.

E o que você vai fazer durante esse tempo? Não espere ter uma experiência espiritual. Se sua expectativa for essa, você vai se decepcionar e desistir de meditar. Você está aí pela mesma razão que o leva a praticar escalas no piano, por exemplo: para aprender. Se sua expectativa for começar a fazer aulas de piano e já na primeira semana sair tocando Beethoven, logo vai querer desistir. O mesmo acontece com a meditação. Ao se sentar para meditar, você deve ter o objetivo de aprender a permanecer consciente enquanto sua mente cria pensamentos e seu coração cria emoções. Não importa o que aconteça aí dentro – desde que você seja o observador. É o que chamamos de *meditação consciente*.

Vamos supor que você diga: "Não consigo meditar. Eu me sento para meditar, mas minha mente não para de tagarelar um só minuto. Fica falando o tempo todo." Na verdade, esse é um ótimo sinal: sinal de que você sabe que sua mente não é você. Você ouviu sua mente durante quinze minutos e notou que ela não se calou em nenhum momento. Normalmente você não nota isso. Na maior parte do tempo você se envolve com os pensamentos que a mente vai criando. Só que dessa vez você notou, e notou que eles não pararam. Isso, em si, já é uma forma de consciência testemunha. Você estava ciente dos pensamentos, em vez de se perder neles. Não considere isso uma meditação ruim. Você não diria que sua prática ao piano foi ruim só porque você cometeu erros. É preciso treinar para aprender. Da mesma forma, não existe meditação ruim – existe apenas a prática de estar ciente do que acontece aí dentro.

É claro que há estados mais elevados de meditação além de apenas notar a própria mente, mas é importante não criar expectativas. As expectativas são apenas mais uma viagem da mente. Não perca de vista que você resolveu meditar para aprender a estar presente e trabalhar em si mesmo. A meditação é apenas um momento sem tantas distrações externas para que você possa treinar essa habilidade. É só isso. Você pode até não gostar do que está vendo aí dentro, mas está aprendendo a estar mais presente. Está aprendendo a ficar em paz com o que antes o enlouquecia.

Para apreciar a finalidade das técnicas espirituais, é preciso perceber que você é viciado em sua mente. É mais viciado em sua mente do que outras pessoas são em drogas. Na verdade, muita gente começa a usar drogas para fugir da tagarelice incessante da própria mente. É também por isso que algumas pessoas começam a beber em excesso – para elas, conviver com a própria mente é simplesmente impossível. Se você é como a maioria das pessoas, é viciado em cada palavra que sua mente diz. Se ela fala "Eu não gosto daqui, quero ir embora", você vai embora. Se ela fala "Acho que vale a pena ficar mais um tempo", você fica. Você é engolido por seus pensamentos e segue o que sua mente diz. Em essência, sua mente é seu guru, e você precisa desfazer essa relação.

Mudar seu relacionamento com a própria mente é parte importante da jornada espiritual. Não conseguimos fazer isso lutando com a mente e resistindo aos pensamentos. Precisamos aprender a não dar ouvidos a ela. Você é a consciência, e sua mente é o objeto dessa consciência. Então você deve ser capaz de desviar sua atenção para outro lugar, mesmo quando a mente tagarela o tempo inteiro. E a maneira mais fácil de fazer isso é prestando atenção em outra coisa. Uma técnica de meditação muito comum é notar a própria respiração. Observe como você respira. Com o tempo você vai perceber que, ao observar o ar que entra e sai, você deixa de enfocar sua mente. E vai perceber também quão viciado na mente você está. Num momento você está observando cada inspiração, cada expiração, sem se deixar distrair. No momento seguinte você se perde de novo nos seus pensamentos. É isso que vai acontecer. Talvez no início você não consiga passar quinze minutos seguidos apenas observando sua respiração. Ótimo, isso só mostra quanto você é viciado em sua mente.

Perdemos o foco na respiração porque nossa consciência se distrai com o falatório dos pensamentos. Em outras palavras, deixamos de observar nossa respiração e voltamos a observar nossa mente. Assim que você perceber que fez isso, não se repreenda. Volte a notar sua respiração. O objetivo é praticar o controle da atenção para que ela volte a ser sua. O objeto da sua atenção determina suas experiências de vida. Você deveria ter o direito de decidir para onde quer mirar o holofote. Se não aprender a se afastar da mente, você não terá escolha: prestará atenção no que ela diz.

Há mais um elemento que pode ser acrescentado a essa técnica simples de meditação. Muitas vezes paramos de observar nossa respiração e nem sequer notamos. Ficamos tão perdidos na própria mente que nem vemos os quinze minutos passarem. Para não se perder tão fácil, em vez de apenas observar sua respiração, vá contando cada uma delas. Conte cada ciclo de inspiração e expiração como um, depois dois, e assim por diante. Mas não conte até cem. Vá até 25 e recomece. Assim fica mais fácil controlar as distrações. Inspira/expira... um, inspira/expira... dois, inspira/expira... três. Observe o ar entrando e saindo, o movimento do abdômen.

Observe sua respiração enquanto conta até 25 e depois recomece. Se descobrir que você já está em 43, basta começar de novo. Não pense em nada, simplesmente volte ao começo na mesma hora. Esse é um trabalho que exige sua presença. É preciso estar consciente o bastante para saber recomeçar a contagem depois de chegar a 25. Mas isso não exige raciocínio – só consciência.

Há pessoas que vão se guiando pelas contas de um cordão japamala durante a meditação; outras recitam mantras. São apenas estratégias para manter o foco em algo além dos pensamentos errantes. Meditar é fácil – desde que você entenda que não se trata de ter experiências espirituais. Não se preocupe com isso. Apenas pratique estar presente. Se fizer isso com regularidade, vai passar a estar consciente ao longo do dia, quando seus samskaras forem ativados. Agora é só uma questão de comprometimento. Você está disposto a relaxar e liberar seus samskaras ao menor sinal de aflição? Ou ainda precisa se manter no ciclo de expressar e perpetuar seus bloqueios?

34

Como lidar com questões mais complexas

A verdadeira prática espiritual envolve dedicar cada momento da vida à libertação. A vida é nosso verdadeiro guru. É desafiador afastar-se do próprio Eu ou voltar-se para ele, mas a vida é nossa amiga nesse processo. Tudo o que nos acontece é uma oportunidade para nos libertarmos de nós mesmos – morrer para renascer. Se você buscar colher os frutos mais fáceis primeiro e continuar centrado no lugar do Eu à medida que seus samskaras são liberados, vai acabar se tornando um ser mais consciente. Não terá mais que voltar ao seu eixo depois de uma conversa difícil, pois permanecerá centrado durante toda a experiência. No começo, vai ser difícil. Mas siga em frente, não desista. Faça disso a coisa mais importante da sua vida – porque é. De fato, essa é a única maneira racional de se viver a vida. Não se trata de uma técnica religiosa; é simplesmente decidir acordar e fazer algo por si mesmo.

Se você conseguir, acabará alcançando um estado de presença perpétua. Vai assumir o lugar do Eu e vai permanecer aí pelo resto da vida. Não importa o que aconteça, não importa quem morra, não importa quem o abandone, não importa nada. Tudo isso ainda pode acontecer, mas você terá o poder de decidir o que fazer a respeito da atração. Terá um tempo que nunca teve antes, entre o evento e sua reação a ele. Tudo vai parecer se desenrolar em câmera lenta – até mesmo pensamentos e emoções reativas. Você enfim terá tempo para relaxar e deixar fluir.

Agora estamos prontos para resolver questões maiores. À medida que você se liberta, à medida que colhe os frutos mais fáceis, começam a surgir questões mais complexas. Pode ser que você comece a ter sonhos muito intensos. Pode começar a sentir, do nada, fortes emoções, sem motivo aparente. Ótimo, não precisa haver motivo. É simplesmente energia, shakti, tentando vir à tona, pois agora tem espaço para isso. A energia é sua melhor amiga. Esse fluxo de energia veio para ajudar e sempre vai tentar subir à superfície. Você não precisa fazer nada, basta continuar mantendo o fluxo. E se acontecer alguma coisa muito ruim? Se sua casa pegar fogo? Se você perder o emprego? São questões sérias. Como então você deveria agir para se manter no caminho do crescimento espiritual? Antes de tudo, libere-se. Sempre comece deixando de lado sua reação humana. Que serventia você terá se estiver transtornado a ponto de não conseguir lidar com a situação? Se você desmaia quando vê sangue, por exemplo, não será de grande ajuda quando acontecer um acidente. Primeiro deixe de lado sua reação pessoal, para então agir em cada circunstância da melhor maneira possível.

Vejamos um exemplo da vida real. Ligam da escola do seu filho adolescente informando que encontraram drogas no armário dele. Situações como essa acontecem. Você pode até não gostar, mas vai ter que lidar com isso. Talvez sua mente comece a tagarelar: "Como é que ele foi fazer uma coisa dessas comigo? Onde foi que eu errei? Meu marido vai ficar muito bravo comigo. Nossa relação já não está lá essas coisas. Pode ser o fim do meu casamento. O que eu fiz para merecer isso?" O que é que esse melodrama pessoal tem a ver com o problema do seu filho? Esses problemas são seus, e você precisa colocá-los de lado. Você não deveria interagir com o mundo lá fora com base em seus bloqueios internos. Essa conversa pessoal nada tem a ver com o problema em questão. Tem a ver com o fato de a situação ter ativado seus bloqueios e feito você reagir aos seus problemas, não ao do seu filho. Se continuar assim, você vai acabar tomando todas as suas decisões com base no que faz você se sentir melhor, o que provavelmente não será o melhor para a situação como um todo.

Se levar as coisas para o lado pessoal, você vai tentar se proteger evitando experiências desagradáveis. Mas situações difíceis são uma oportunidade de mudar essa dinâmica. Para isso, é preciso deixar de lado sua reação pessoal ao que acontece. Deixe para lá. Não se trata de fugir da situação, e sim de rever sua reação a ela. Vá conversar com a diretora da escola, mas não faça isso para se proteger. Faça isso porque seu filho precisa de amparo. Faça isso porque a diretora precisa da sua ajuda para lidar com o problema. Faça isso porque o filho é seu e a responsabilidade é sua. Dê o seu melhor para elevar a energia de maneira construtiva. E você não vai conseguir fazer isso enquanto estiver focado no seu constrangimento, nos seus medos e em outras reações pessoais.

Resumindo, você precisa se libertar do pessoal para interagir adequadamente com cada situação. Isso também vale para a vida profissional. Você está numa reunião discutindo um projeto. Você tem uma ideia brilhante e gostaria de dar sua contribuição. Você apresenta sua ideia, mas ela é logo descartada. Isso magoa você. Claro que magoa. Existe um ego aí dentro que fica abalado com isso. Agora você vai passar o resto da reunião calado, de mau humor, ou então vai continuar insistindo que sua ideia não é ruim. Nesse estágio você não pertence mais à reunião. Sua presença agora é sobre você, não sobre o projeto. É impossível trabalhar assim. Sua motivação principal não pode estar relacionada a você. Tem que estar relacionada ao que está acontecendo à sua volta. Para dar sempre o melhor de si, é preciso servir à vida que se desenrola diante dos seus olhos.

O processo de libertação agora tem a ver com o trabalho que você está disposto a fazer em si mesmo. Sua única decisão é: você vai se libertar ou não? A escolha é sua. Ou você se dedica a isso regularmente ou não. Os bloqueios que existem dentro de você e que geram pensamentos e emoções pessoais nada são além de resquícios de samskaras. Resultam de problemas passados com os quais você não conseguiu lidar e que tendem a levá-lo na direção errada. Aprenda a expressar seu Eu superior. Expresse a parte mais profunda do seu ser que está em harmonia com a vida.

Continue se libertando. O caminho espiritual consiste em se libertar. O que pode acontecer se você continuar nesse caminho? É o que vamos explorar a seguir. Vamos ver como deveria ser a vida para cada um de nós. Não importa o que tenha acontecido com você ou o que você já tenha feito – não importa mesmo. Se você libertar seus samskaras, eles deixarão de afetar sua vida. Você vai se livrar do seu passado. Isso é a vida sem amarras, é a alma indomável. Significa libertar-se, transcender seu eu pessoal como nos ensinou Buda, morrer para renascer como nos ensinou Cristo. É a essência de todos os ensinamentos espirituais, e é a verdade. Todos nós somos capazes de nos libertar, basta estarmos dispostos a fazer o trabalho necessário dentro de nós.

PARTE VIII

Uma vida de aceitação

35

Como lidar com energias bloqueadas

Uma coisa é certa: somos todos conscientes dentro de nós. Mas conscientes de quê? Sabemos que existem energias aqui dentro em constante mudança e que às vezes elas podem nos sufocar. Mesmo que não entendam essas energias, as pessoas as afastam ou tentam libertá-las no mundo exterior para se manterem firmes na vida. São duas estratégias problemáticas, mas é melhor fazer isso do que se afogar dentro de si mesmo.

Quando estão se afogando, o que as pessoas fazem? Tentam se agarrar a algo seguro, como uma prancha. É assim que as pessoas costumam levar a vida. Agarram-se ao que podem para não afundar. E geralmente se agarram a algo externo. Acreditam que, se os outros as respeitassem mais e as tratassem melhor, a vida interior seria mais fácil. Acreditam que, se alguém realmente as amasse e fosse leal a elas, ficaria tudo bem. O problema é que, quando conseguem o que desejam, agarram-se a isso com toda a força para nunca mais largar, o que por si só já é um problema. Pior: se o mundo deixa de lhes dar o que desejam, começam a se afogar de novo.

Quer saber até que ponto você se apega ao mundo exterior para não se afogar internamente? Basta ver o que acontece quando as coisas não saem do jeito que você esperava. O que acontece quando o comportamento de alguém próximo não atende aos seus padrões e expectativas? Sua mente e seu coração pegam fogo. Isso acontece mesmo que a pessoa não tenha feito nada. Basta sua mente pensar: "E se meu marido me largar? O marido da Sally foi embora. Se Sam me deixasse, eu morreria." Pronto, basta um só pensamento para lhe causar sofrimento. As energias desarrumam nosso interior. E por que isso acontece? Acontece porque você está tentando construir um lugar seguro na sua mente, um abrigo ao qual possa se apegar. Contanto que tudo reforce isso, você terá bem-estar e segurança. Mas, ao se agarrar a algo externo, você se distancia do âmago do seu ser. É isso que fazemos, mas não funciona. Se quiser crescer espiritualmente, se quiser ter uma vida bela e não uma crise de meia-idade, você precisa fazer um trabalho interior.

A crise de meia-idade acontece quando você passa metade da vida se esforçando para construir alguma coisa e se agarrando a algo externo para ficar bem, mas não fica. Você simplesmente não se sente livre, em paz, mesmo tendo filhos, um casamento, um trabalho. O fato é que as crises de meia-idade são perfeitamente compreensíveis. É até estranho que não haja mais gente sofrendo disso. No meio da sua vida, você percebe que as coisas não funcionaram – você continua se sentindo mal. Claro, você só se sente bem quando seu marido ou esposa se comporta direitinho, quando seus filhos tiram notas boas na escola, quando você conquista respeito no trabalho. Enquanto tudo isso estiver acontecendo e suas finanças aguentarem, você estará condicionalmente bem. Mas por dentro você sabe que, de uma hora para outra, tudo pode mudar, por isso precisa continuar se esforçando para manter a dianteira. Por isso a vida é uma luta constante.

A alternativa é limpar a bagunça interior. Um dia você vai perceber que não está se afogando. Está simplesmente habitando um planeta que gira no meio do nada. A grande verdade é essa. A sonda Cassini tirou uma foto da Terra a quase 1 bilhão e meio de quilômetros daqui. Nessa imagem, a Terra é apenas um minúsculo grão de areia no meio do espaço escuro e vazio. Como assim você habita o planeta mais bacana que existe e não está se sentindo bem? Olhamos ao longe com nossos telescópios espaciais e não encontramos nada, em parte alguma, que sequer se aproxime da grandiosidade da Terra. Você acertou na loteria! Está aqui, neste planeta fenomenal, que é sempre estimulante, desafiador, em constante crescimento. Pense em todas as cores, formas e sons – é incrível. Mas o que você faz? Você sofre. Por quê? Não é o planeta que o faz sofrer, é aquilo que você armazenou dentro de si.

Agora faz sentido perguntar: por que você está armazenando tudo isso aí dentro? E, se for para guardar bugigangas dentro de si, por que não guardar apenas as legais? As pessoas colecionam todo tipo de coisa: colheres, xícaras de chá, selos, moedas do mundo. Mas você teve uma ideia mais brilhante: "Já sei, vou colecionar experiências ruins." Foi isso que você fez: "Vou colecionar todas as experiências ruins que eu já tive e guardá-las dentro de mim para que elas me incomodem pelo resto da vida." Agora me diga, como isso poderia dar certo? Se continuar fazendo isso, você vai colecionar mais e mais experiências negativas, e sua vida será um fardo cada vez maior.

Você vai mesmo continuar dificultando sua própria vida? *Em essência, você se torna a causa da sua infelicidade, por isso esbraveja e exige que o mundo dê um jeito de fazer você feliz.* O mundo não pode fazer você feliz enquanto você estiver se fazendo infeliz internamente. Simples assim. Você vai ter que se esforçar para deixar de lado a causa maior do seu sofrimento. O caminho espiritual consiste em entrega, e isso significa lidar com as energias bloqueadas.

As energias bloqueadas aí dentro vão se acumulando e precisam encontrar um modo de escapar se não lidarmos com elas. Essas energias podem ser liberadas sob a forma de raiva, agressão verbal ou física, e outras explosões e descontroles. Quando você permite que as energias se liberem dessa maneira inconsciente, não é você quem está no comando. As energias tendem a seguir o caminho de menor resistência, o caminho traçado pelos samskaras. Quando você permite que isso aconteça, a energia descontrolada abre canais dentro de você que voltam a facilitar o mesmo o fluxo. O fluxo de energia se torna um hábito. Perder o controle não só é insalubre por causa do que podemos fazer ou dizer, como também aumenta a probabilidade de novos descontroles. Isso pode causar todo tipo de problemas. Sempre que você não estiver no comando aí dentro, haverá problemas. A questão é essa.

Entender esse processo de bloqueio e, em seguida, expressar nossas energias nos ajuda a ter compaixão por nossos comportamentos do passado e pelo comportamento dos outros. Compaixão significa entender o que leva os outros a agirem de determinada maneira. As pessoas têm dificuldade de lidar com as energias bloqueadas e, na maioria dos casos, não aprenderam a canalizar essas energias para um nível mais elevado. Existe um nível mais alto no nosso ser, para o qual as energias mais baixas podem ser conduzidas. Você pode lidar com suas energias internas de um jeito muito melhor do que simplesmente sair do caminho delas e deixá-las passar. Isso não significa que elas devam ser suprimidas. Suas opções não se limitam a expressão ou supressão. Como veremos, existe uma terceira alternativa, a transmutação, e é aí que entra a verdadeira espiritualidade.

36

A transmutação da energia

A supressão bloqueia a energia interna, e a expressão não canalizada desperdiça essa potência. A *transmutação*, por sua vez, é o uso mais sublime da energia. A maioria das pessoas nada sabe sobre o assunto, mas a transmutação é a essência da espiritualidade. No momento, o fluxo de energia natural que você tem dentro de si está bloqueado pelos samskaras nos centros energéticos inferiores. Quando a energia tenta se liberar, você a empurra de volta para baixo ou permite que ela extravase para o mundo lá fora. Esse extravasamento nada resolve a longo prazo. Uma hora a energia simplesmente voltará a se acumular nos seus bloqueios. A liberação é temporária porque a causa do bloqueio não foi resolvida.

E se, quando a energia tentar subir, você aproveitasse a ocasião para se livrar do bloqueio? A energia vai tentar libertar o samskara afastando-o do caminho. O problema é que, se o bloqueio tiver sido armazenado com sofrimento, ele vai retornar com sofrimento também. Em vez de empurrar essa energia de volta para baixo porque você não consegue lidar com ela, ou em vez de extravasá-la externamente como forma de alívio, você pode relaxar e liberar seus samskaras num nível tão profundo que permita que o bloqueio passe sem resistência. É esse o significado de *transmutação da energia*. Envolve usar a energia ascendente como uma força positiva, que elimina o que a estava bloqueando.

Essa é a melhor maneira de trabalhar a energia interior: usá-la para crescer espiritualmente. Use-a para se livrar dos grilhões dos seus bloqueios. São esses bloqueios que causam sofrimento. Eles só permitem que você fique bem se as coisas forem de determinada maneira. Isso gera desconforto, ansiedade e medo da vida. O desconforto leva as pessoas a buscarem todo tipo de distrações, o que cria ainda mais tumulto. Todos nós já vivenciamos esse ciclo de perturbação e alívio temporário. Agora você sabe que há um modo muito superior de viver. Se estiver disposto a liberar seus bloqueios, com o tempo a energia vai encontrar seu caminho para cima. Ela vai tirar os samskaras da frente e, quando menos esperar, você mal vai se lembrar de como era antes. Isso se aplica, em especial, à sua maneira de se relacionar com algumas pessoas ao seu redor. Você terá vontade de voltar no tempo e dizer: "Desculpa, eu estava muito perdido." Vai descobrir que buscava nos relacionamentos uma forma de ficar mais à vontade consigo mesmo. Assim que os bloqueios começarem a se desfazer, a energia encontrará seu caminho até o coração, e isso vai confortar e sustentar você. Seus relacionamentos serão naturalmente feitos de amor e carinho – você vai se concentrar em cuidar dos outros. Suas relações não terão mais a ver com controle ou com conseguir algo de que você precisa. É isso que acontece quando a energia fica livre para subir dentro de você.

Se você liberar seus bloqueios, a energia subirá naturalmente. Você não terá que lutar contra ela. Lembre-se sempre disto: a energia quer subir. Você não precisa forçá-la. Permitir que a energia suba naturalmente é melhor para o crescimento espiritual a longo prazo. Ao eliminar os bloqueios pelo caminho, você sentirá um fluxo constante de energia ascendente. Acabará percebendo que shakti deseja expressar algo belíssimo, de tirar o fôlego. Conhecerá uma paz que "excede todo o entendimento" (Filipenses 4:7). Você não vai precisar de mais nada. Seu estado natural será tão belo que você se sentirá pleno e completo dentro de si. E isso depende simplesmente de sua vontade de trabalhar com as energias. Se você fizer isso, shakti subirá cada vez mais até começar a se mover como uma fonte de alegria fluindo dos seus centros energéticos superiores. Quando isso acontecer, sua relação com este mundo se transformará em algo belíssimo. O que você estava tentando conseguir externamente passará a vir de dentro, de modo natural. Você ficará pleno de amor e êxtase. Cristo descreveu essa sensação da seguinte maneira: "Nem só de pão viverá o homem, mas de toda palavra que sai da boca de Deus" (Mateus 4:4). Você será alimentado por um fluxo perpétuo de energia que nasce dentro de você.

A transmutação do fluxo de energia interior é a resposta para os males do mundo. Se as pessoas se sentissem plenas por dentro e fossem alimentadas pelo fluxo constante de amor e paz profundos, não haveria guerras. Por que você mataria, roubaria ou machucaria alguém se estivesse satisfeito internamente? A luta externa só ocorre porque as pessoas estão em constante guerra consigo mesmas. Por isso precisamos de tantas regras e leis. Entregues a si próprias, as pessoas causam grandes problemas lutando com suas questões internas. Há algo muito maior dentro de nós, que por acaso é o nosso estado natural. Você é um ser lindo, um ser inspirador, mas só consegue refletir essa beleza quando está bem. Por mais belo que seja, se você estiver tentando não se afogar, sua beleza não será vista. Para deixar de lado essa luta constante, dedique-se a eliminar seus bloqueios.

Um ser espiritual vê a vida da seguinte maneira: "Meu tempo neste planeta é limitado e essas são as experiências que preciso viver. Os desafios foram grandes, mas eu os superei e hoje sou uma pessoa melhor por causa deles." Não suprima seus problemas, mas também não permita que eles se tornem a base da sua vida. Um problema do passado é apenas uma das muitas coisas que aconteceram para impulsionar seu crescimento. Você não precisa saber por que o problema aconteceu. Não precisa analisar causas e efeitos. Todo dia acontecem milhares de coisas sem que você entenda por quê. Ainda assim você consegue lidar com elas, mas insiste em entender aquilo com que não consegue lidar. A compreensão se torna uma muleta, uma fonte de racionalização. Quando não consegue encaixar um evento em seus próprios moldes, a mente insiste em saber por que ele aconteceu. O melhor a fazer é primeiro aceitar a realidade para depois trabalhar com ela de maneira construtiva.

Você é o Eu. Você é a consciência testemunha de tudo o que se passa diante dos seus olhos. Você habita seu interior, e nada aí dentro é mais poderoso que você. O ser humano é dotado de livre-arbítrio; use-o para aceitar o que já aconteceu e impedir que novos acontecimentos afetem o restante da sua vida. Liberte-se dos seus samskaras. Transmute o fluxo de energia bloqueada numa poderosa força espiritual.

37

A força do propósito

Se esse realmente for o seu desejo, você será capaz de se libertar num nível muito profundo. Não se trata de habilidade, mas de força de propósito. O trabalho interior é diferente do trabalho que fazemos lá fora. No mundo exterior existem coisas que você talvez não consiga fazer por limitações do corpo. Por mais que se esforce, você não vai conseguir mover montanhas nem viajar na velocidade da luz. Temos limitações físicas. Internamente, porém, essas limitações não existem, porque não há um aspecto físico no Eu. Somos pura consciência, e nosso desejo tem domínio completo sobre a mente e as emoções.

Como vimos, a maioria dos seus pensamentos e emoções é criada pelos bloqueios que você armazenou dentro de si. Esses bloqueios são seus, e você pode renunciar a eles quando bem desejar. O problema é que, como foram armazenados com dor, eles serão liberados da mesma forma. É aí que entra a força do comprometimento. Sua vontade de ser livre para viver uma vida profunda e bela é maior do que o desejo de evitar o desconforto? Muitos viciados em drogas passaram pelo processo de abstinência para ter sua vida de volta. Diz o ditado: onde há vontade, há um caminho. Você pode se libertar dos seus bloqueios, basta querer de verdade. O que você estaria disposto a fazer em troca de um relacionamento amoroso mais pleno, de um estado constante de bem-estar e da capacidade de sentir a presença de Deus fluindo por você o tempo todo? O que você diria se lhe oferecessem tudo isso? "Ando muito ocupado e não quero me estressar com esse assunto"? Ou você enfrentaria o desafio e diria: "Qualquer coisa. Estou disposto a fazer qualquer coisa para viver nesse estado o tempo inteiro"? Você pode fazer isso, a questão não é essa. A questão é: será que você tem o forte propósito de empreender uma profunda jornada espiritual rumo à libertação?

Nosso arbítrio é como um músculo: precisa de treino para se desenvolver. Treine sua determinação, dizendo: "Quem manda aqui sou eu. Este é o meu lar. Eu sou o único que vive aqui e tenho o direito de torná-lo um bom lugar para se viver." Não se trata de assumir total controle do que acontece aí dentro; trata-se de aprender a se entregar. Entrega não é supressão, e não estamos falando de controle. Entregar-se é deixar de lado a fraqueza e comprometer-se o bastante para levar a cabo seu propósito. A entrega lida com qualquer coisa que precise ser liberada aí dentro, deixando que ela se vá. Lembre-se: foi você quem resistiu intencionalmente a eventos passados, armazenando samskaras. Por que não aprender a relaxar e se libertar completamente, eliminando seus bloqueios para que você possa vivenciar o belo fluxo de energia interior, como deveria ser?

Se praticar a liberação dos seus bloqueios, você não só vai começar a viver num estado interior elevado, como também se tornará uma bênção na Terra. Aonde quer que você vá, o que quer que faça, em tudo levará uma bênção aos outros. Se mantiver esse processo todos os dias, você vai chegar lá. Dedique um tempo para lembrar a si mesmo quem você é e para renovar seu compromisso com a limpeza interior. Treinar pela manhã e à noite já é um bom começo. Você não precisa dedicar tempo demais a isso, apenas o suficiente para relaxar e deixar fluir, para voltar ao seu eixo, para se lembrar de usar cada momento da sua vida para eliminar seus bloqueios. Se você fizer isso, o resto virá. É um processo natural.

Lembre-se sempre de que cabe ao espírito libertar você de si mesmo. Shakti quer ser livre, mas você não deixa. Quando shakti começa a empurrar os bloqueios para cima, a tendência é você empurrá-los de volta para baixo, porque não é nada confortável viver nesse turbilhão. Existem incômodos do passado retidos aí dentro que lhe causam muita dor quando são ativados. Imagine-se numa conversa na qual você se sinta forte e seguro. De repente a pessoa diz alguma coisa que atinge seus bloqueios e você começa a perder a autoconfiança. Se for sincero consigo mesmo, você pode usar essa situação para seu próprio crescimento. Não é hora de discutir com seu interlocutor; é hora de crescer espiritualmente. Calmo e centrado, você se pergunta em silêncio: "O que está acontecendo dentro de mim? Que bloqueio ativado causou essa mudança de energia?" Assim, para usar a situação a favor do seu crescimento pessoal, você relaxa e permite que a energia impulsione o bloqueio para cima. Você não precisa fazer nada, basta não interferir nesse processo. Shakti vai se encarregar de alavancar a energia. Seu único trabalho será deixá-la fluir.

Para não se esquecer de fazer isso a cada momento oportuno, desenvolva o hábito de renovar seu propósito todo dia pela manhã: "Meu objetivo hoje é me livrar dos bloqueios e evoluir espiritualmente." À noite, lembre-se: "Meu objetivo hoje foi me livrar dos bloqueios e evoluir espiritualmente." Não se queixe de nada que tenha acontecido – liberte internamente os eventos do dia para que eles não se tornem samskaras. Não deixe que nada fique preso aí dentro. Você vai acabar incorporando esse hábito ao longo do dia à medida que for praticando. Dê o seu melhor a cada experiência, depois a deixe fluir. Lembre-se sempre do que está acontecendo: você está aí dentro e, quando algo acontece, sua energia muda. Quando a experiência o incomoda, você tende a se afastar dela; quando lhe agrada, você se apega. É como se você tentasse manipular sua experiência interior com mãos invisíveis dentro de você. Entregar-se significa... não fazer isso. Significa estar pronto, disposto, capaz de assumir o lugar da consciência para observar a energia mudando e simplesmente deixá-la fluir.

Você interage com a energia como alguém que decide parar de fumar ou abandonar qualquer outro hábito. A tendência, nesses casos, é querer retomar o vício. É como uma força magnética que nos atrai para certa direção. A mesma coisa acontece quando um bloqueio é ativado. Parece que você é puxado para ele. Você precisa enxergar isso. Precisa notar que essa força continua puxando você sem parar. Isso não é ruim, é até bom. Quando acontecer, simplesmente relaxe mais ainda. É muito importante relaxar. Se estiver ocupado usando seu arbítrio para relaxar, não vai poder usar suas "mãos interiores" para afastar a energia nem para agarrar-se a ela.

Um dia você vai se lembrar do que estamos discutindo aqui. Alguma coisa vai despertar aí dentro e você saberá do que estamos falando. Você vai notar uma energia prestes a afetar seu humor e tentará permitir que ela flua livremente. Pela primeira vez na vida, perceberá o que está realmente acontecendo: você está lutando consigo mesmo. Você representa os dois lados da luta. Parte de você quer deixar fluir, mas a outra parte quer continuar cedendo à força da energia. Depois que realmente se livrar dos velhos fluxos habituais, você vai perceber que tem todo o poder necessário dentro de si. Não há mais ninguém vivendo aí, só você. Basta que você relaxe profundamente e pare de lutar consigo mesmo. Nesse momento, algo incrível vai acontecer: a energia que estava puxando você para baixo e para fora mudará de direção. Ela começará a puxar você para dentro e para cima. É a transmutação da energia, e ela é real. À medida que a liberação se tornar o significado da sua vida, esse processo interior ganhará uma nova dimensão. Quando você aprender que sua força de propósito é mais poderosa que qualquer fluxo de energia habitual causado pelos seus samskaras, você vai relaxar internamente, assumir o lugar da consciência e permitir que o processo de purificação ocorra. Todos os dias, a cada momento, você terá a oportunidade de explorar a grandeza do seu ser.

Não se trata de um embate ou de uma tentativa de assumir o controle. Essa libertação é algo muito mais sutil. Talvez fique mais claro se fizermos uma analogia. Imagine-se brincando de cabo de guerra. Você está sozinho numa ponta da corda, e um time inteiro de futebol profissional está do outro lado. Difícil, não é mesmo? A força que puxa você na direção da equipe é muito poderosa. Você estudou todas as técnicas mais recentes do jogo, como enterrar o calcanhar no chão, usar melhor seu peso corporal e qualquer outra coisa que os especialistas possam ter ensinado para se manter de pé na disputa. Você aplica todas elas, mas nada funciona.

De repente, Yoda, o grande sábio da saga *Star Wars*, aparece para ajudar você (ele acha que todo mundo se chama Luke).

Yoda: Luke, fazer isso você não sabe. Solte. Solte, Luke.

Luke: Como assim? Se eu soltar, eles vão me arrastar nessa lama.

Yoda: Soltar você deve.

Luke: Não estou entendendo. Como posso soltar se tem toda essa força me puxando?

Yoda: Relaxe as mãos, Luke. Relaxe as mãos.

Luke: Não, as mãos não. Pés, pernas e postura: é assim que se chega ao final de um cabo de guerra.

Yoda: Ao final você chegará, Luke, se suas mãos relaxar.

E isso é verdade. Se você relaxar as mãos durante o cabo de guerra, o jogo vai acabar na mesma hora. Chega de corda. Chega de puxar. Por mais forte que seja o poder da atração, se você relaxar suas mãos, poderá ir embora para casa. Não era isso que você queria desde o início? Quem disse que você tinha que levar todo o time de futebol para casa junto com você? Relaxe, solte a corda e permita que a disputa termine. É exatamente isso que você deve fazer. Você sente a energia puxá-lo para dentro. Não lute, não resista. Relaxe suas mãos interiores e solte. Se acha que isso está parecendo zen demais, ótimo, porque a ideia é essa mesmo. Você não precisa ser forte; precisa ser sábio. A energia bloqueada não o levará a lugar nenhum se você simplesmente relaxar e deixar que ela flua.

Com o tempo, você vai descobrir que existe um lugar dentro de si que está além de todo o caos da tempestade. Um lugar para onde você pode voltar e simplesmente relaxar. É dali que você vai notar seu caos interior; é um lugar silencioso, sem tempestades. É o lugar do Eu. *Você não vai mais voltar para o lugar do Eu – simplesmente não vai mais sair dali.* Se trabalhar nisso, você chegará a um estado interior belíssimo que estará sempre aí para acolhê-lo. É um lugar de refúgio, e tudo o que você precisará fazer é continuar deixando as energias fluírem. Isso é se entregar para a vida.

38

Explorando os estados superiores da consciência

A ssim que você não estiver mais se afogando internamente, uma outra vida se abrirá para você. Agora podemos começar a discutir quem você é e como pode ser a sensação de viver aí dentro. À medida que seus bloqueios forem liberados, a energia não precisará mais contorná-los. Você começará a se sentir mais feliz, mais livre. Começará a se sentir como se estivesse tendo um dia extraordinário ou uma experiência particularmente edificante. Só que, dessa vez, não haverá nada de especial acontecendo. Você simplesmente sentirá uma energia revigorante que o levará a se sentir cada vez melhor. Você começará a sentir amor simplesmente porque o céu é azul. Antes, era preciso viver um momento especial num relacionamento para se sentir assim. Agora, tudo o que estiver acontecendo será absorvido, e você sentirá tudo num nível mais rico e profundo. Afinal, você estará mais aberto, mais receptivo. Não terá mais as necessidades e os problemas que vinha tentando resolver. Esse turbilhão interno já não existirá mais e você se sentirá cada vez mais pleno, por isso não terá necessidade de nada que venha de fora. Você começará a enxergar suas necessidades sob uma ótica totalmente diferente.

Antes, sua prioridade era suprir as próprias necessidades. E na maior parte do tempo nossas necessidades são psicológicas, e não fisiológicas. As necessidades psicológicas não são naturais; elas indicam que está faltando alguma coisa ou que algo está errado. Quando você se sentir pleno, completo dentro de si mesmo, não terá mais necessidades psicológicas. Elas vêm dos seus bloqueios. Quando a energia é liberada, o que você sente é amor, alegria e entusiasmo, que são apenas palavras diferentes para descrever essa energia revigorante. No sentido mais puro, essa energia ascendente é bem distinta das emoções. A emoção emana do coração e vibra de um jeito que atrai você. Já o entusiasmo é algo que jorra de dentro. É um fluxo de energia espontâneo e edificante que circula pelo organismo inteiro. É, de fato, shakti libertada.

Quando suas energias são liberadas, você não precisa da energia de mais ninguém. Tem tanta energia dentro de si que nem consegue entendê-la. Você com certeza já passou por uma situação tão agradável a ponto de sentir uma súbita explosão de energia interior. Quanto tempo isso durou? Um bilionésimo de segundo. Vamos imaginar que você esteja um pouco deprimido, que não esteja se sentindo bem. De repente, acontece alguma coisa. Um telefonema agradável, de alguém com quem você consiga desabafar – isso faz sua energia fluir. A energia sempre esteve aí, mas você se abriu porque gostou de ter recebido a ligação. Um bloqueio saiu temporariamente da sua frente, e toda essa energia fluiu. A verdade é que, se esse bloqueio não estivesse no caminho, você não precisaria do telefonema. É por isso que devemos fazer nosso trabalho interno de liberar bloqueios.

À medida que eles forem liberados, a energia levará você a estados cada vez mais altos. Você já sabe quais são eles. Estão relacionados ao amor. Têm a ver com ser apaixonado pelo trabalho ou por qualquer outra coisa que você esteja fazendo. As energias superiores são lindas. São muito mais bonitas do que a expressão das energias inferiores. À medida que você se abrir, a vida deixará de ser uma fuga de estados negativos e passará a ser a busca de estados cada vez mais elevados, mais positivos. Antes, quando falávamos em crescimento, falávamos sobre não sentir mais raiva nem ansiedade. Agora, você sentirá tanto amor ao acordar que terá dificuldade de sair da cama. Mas o entusiasmo para ir trabalhar ficará tão forte que você vai se levantar e se sentir impulsionado durante todo o dia. É assim que nos sentimos quando a energia flui.

Muitos não acreditam que a vida possa ser assim. Sentem-se na obrigação de encontrar o emprego perfeito para poder trabalhar com entusiasmo. Mas o que seria um "emprego perfeito"? O emprego perfeito é aquele que permite que você se abra. Em outras palavras, é aquele que se encaixa de tal modo nos seus bloqueios que deixa sua energia fluir. A questão é: se esse mesmo trabalho ativar seus bloqueios da maneira errada, você vai se fechar. Você vai continuar deixando seus samskaras comandarem sua vida. Não é uma questão de encontrar o emprego certo; é uma questão de liberar seus bloqueios para poder se entusiasmar com o trabalho que tem.

Não importa quanto suba, você sempre vai poder subir ainda mais. Não acredite em quem diz que só conhecerá a felicidade aquele que conheceu a tristeza. Isso não é verdade. Se ainda estivermos bloqueados, a vida será assim; no entanto, uma vez eliminados os bloqueios, notaremos que a energia é sempre bela. É uma nova onda de alegria edificante que eleva o coração, a mente e tudo o que existe dentro de você. Você estará mais consciente do que nunca e sentirá o entusiasmo de uma criança em tudo que fizer.

Você deve estar se perguntando por que iria querer fazer qualquer coisa se já estaria realizado. Para que se preocupar em ter um emprego, ou mesmo um relacionamento, se você já estaria pleno de amor e felicidade? A resposta é simples: o amor quer se expressar e o entusiasmo quer criar. Assim que a energia é desbloqueada e passa a fluir livremente, as necessidades pessoais deixam de ser sua motivação. Suas ações passam a ser a expressão de amor e a gratidão pela vida. A vida inteira se torna um ato de dedicação.

Até os relacionamentos se tornam atos de dedicação a outros seres humanos. Você não precisará de nada de um relacionamento, mas o amor adora se expressar. O amor que você emana atrai as pessoas. Você não precisará se preocupar em atrair alguém ou em manter o interesse dessa pessoa por você. As pessoas são atraídas pela luz. É natural. Quando encontrar alguém especial, você o cobrirá de amor dia e noite, sem esperar nada em troca. O amor é um presente único – e igualmente belo para quem dá e para quem recebe.

A vida é muito simples quando você está bem por dentro. Você não faz as coisas pelos frutos que dão; cada momento é pleno, completo em si. Você chega a um estágio em que nada é mais sagrado do que o espírito fluindo dentro de você. Pode haver momentos de perturbação, mas não será preciso fazer nada. Eles vêm e vão, e não afetam o seu fluxo de energia, a menos que você permita. Você vai perceber que essa energia dentro de você sabe o que está fazendo. Ela não é só bela, mas também inteligente. Se permitir, ela vai ajeitar tudo. A energia em ascensão fará todo o trabalho interior para você. A única coisa que você precisará fazer é não interferir e se entregar.

Vejamos ainda mais profundamente o que acontece em seguida. A energia que flui dentro de você é tão linda que sua consciência será naturalmente atraída por ela. Você vai vivenciar tudo o que sempre esperou sentir no mundo lá fora, mas só sentia por breves momentos. Você vai se apaixonar por completo pelo fluxo de energia espiritual. Desde que você esteja sendo alimentado pelo fluxo interior, sua vida lá fora ficará bem. Antes de eliminar seus bloqueios, você precisava que o mundo fosse de determinada maneira para se sentir feliz. Era uma luta diária contra a vida. Quando você se liberta dos bloqueios interiores e permite que a energia flua dentro de si, esse embate acaba. Você percebe que tudo o que sempre quis está fluindo aí dentro, e a batalha termina.

A atração pelo fluxo incondicional de energia interior é um caso de amor maravilhoso. A Bíblia diz: "Amarás, pois, o Senhor teu Deus de todo o teu coração, e de toda a tua alma, e de todas as tuas forças" (Deuteronômio 6:5). Agora, cabe a você fazê-lo. Esse é o mandamento supremo no Antigo Testamento, repetido muitas vezes por Jesus. Você não precisa mais se preocupar em descobrir como "amar a Deus", pois o que está fluindo dentro de você é o espírito, e você o ama naturalmente com todo o seu coração. Você gosta de se sentir nesse estado espiritual. Trata-se de um estado natural, que nenhuma droga pode induzir. Tampouco qualquer relacionamento. O amor e a alegria que você vai sentir jamais cessarão, a não ser que você permita. Esse rio fluirá em cada momento da sua vida, desde que não seja represado. E agora você já sabe o que fazer. Assim que a energia começar a fluir espontaneamente, deixe que flua. Respeite-a, reverencie-a e agradeça. Agradeça internamente e permita que ela continue fluindo. Sua única prece será de agradecimento: *Obrigado, muito obrigado.*

Agora que essa energia está fluindo dentro de você, ela vai limpar seus outros bloqueios. Isso não acontecerá no mesmo instante; é preciso estar disposto a permitir que o processo se desenrole naturalmente. Shakti vai empurrar os samskaras para fora; basta que você deixe. Sua vida inteira se tornará espiritual, e tudo estará relacionado ao espírito. Você vai repousar no belo fluxo de energia, e isso lhe dará forças para se libertar do que precisa ser purificado. Com o tempo, você aprenderá a desfrutar de cada momento da jornada. É um caminho libertador, que o levará a Deus.

Quando você imergir no fluxo ascendente de energia, alcançará um estado de verdadeiro contentamento. Isso significa viver sem que nenhuma dificuldade interior lhe tire a serenidade. O que acontecerá dentro de você será tão lindo que, pela primeira vez na vida, você se sentirá completamente em paz. Não precisará buscar mais nada. Se você olhar para o mundo, verá o que está ali – não o que deseja nem o que gostaria que não estivesse lá. A experiência do mundo lá fora já não despertará nenhuma preferência dentro de você. O mundo simplesmente vai chegar, passar e ir embora, deixando você como estava antes: em estado de bem-estar sublime.

39

Estar no mundo, sem ser do mundo

Assim que tiver alcançado um nível mais profundo de clareza interior, você notará que estar satisfeito com a realidade não significa parar de interagir com ela. O mundo vai continuar se revelando diante de você, mas não haverá mais nada pessoal nisso. Será apenas uma parte da criação passando diante de você em determinado momento. A realidade não vai mais incomodá-lo, porque você não precisará mais dela. Você e ela simplesmente existirão, em total harmonia. Cada momento será uma oportunidade para você se dedicar ao mundo. Você pode mostrar essa dedicação apenas apreciando cada instante, mas também pode aumentar ainda mais a energia do momento. Um sorriso, uma palavra gentil, uma mão amiga – tudo isso pode elevar a energia ao seu redor. Fazer seu trabalho da melhor maneira possível, cuidar da família e servir à comunidade são simples exemplos de dedicação ao universo, gestos tão importantes quanto qualquer outro.

Imagine que você esteja fazendo uma caminhada quando encontra um pedaço de papel jogado no chão. Você sente a desarmonia da cena e recolhe o papel. Não se trata de uma necessidade nem de um dever; você é apenas um artista tornando o mundo mais belo. Sua mente não diz: "Vou catar esse papel, mas não esperem que eu cate tudo quanto é lixo pelo caminho." Tampouco diz: "Quem foi que jogou esse papel aqui? O mundo está desse jeito por causa de gente assim." Você é simplesmente um ser espontâneo que está em harmonia com a vida. Não espera retorno algum pelas suas atitudes, porque elas não estavam em busca de aprovação ou reconhecimento. Você apenas não consegue deixar de compartilhar com o mundo a bela energia que flui dentro de você. *A vida mais sublime que você pode ter é quando cada momento é melhor do que o outro justamente porque atravessa o seu ser.* Dedique-se de coração e alma a servir ao momento presente. Imagine como seria o mundo se todos fizessem isso.

Comece elevando a energia de cada instante que você está vivendo. Se não conseguir se dedicar às suas experiências imediatas, como poderia mudar o mundo inteiro? Quando trata as pessoas com grosseria por estar insatisfeito com as injustiças do mundo, você não ajuda ninguém. Se não consegue criar harmonia na sua própria casa, que direito tem de reclamar que os países estão lançando mísseis uns contra os outros? Você precisa levar uma vida que promoveria a paz se todos seguissem o seu exemplo. Quando não faz isso, você se torna parte do problema, não a solução. A grande questão aqui é se libertar das amarras. A vida vai continuar acontecendo e ativando o que sobrou dos seus samskaras. Quando isso acontecer, você sentirá uma energia reativa aí dentro. Não deixe que essa energia sirva de base para as suas ações. Você só vai poluir ainda mais o ambiente com seus bloqueios internos. Nada de bom pode resultar disso.

Para ter uma vida espiritual, você não precisa se moldar a um determinado conjunto de regras, e sim parar de usar sua própria energia como base para suas atitudes. No início, vai ser difícil; é preciso treino. Quando sentir uma energia incômoda, simplesmente a deixe passar. Não permita que sua reação inicial seja trazer questões pessoais à tona. Deixe que a energia flua, e assim você será capaz de agir de maneira mais construtiva a cada instante. Basta se perguntar: "Tem alguma coisa que eu possa fazer para me dedicar a este momento? Alguma coisa que não seja para meu próprio benefício? Afinal, eu já me libertei. Agora que estou livre, que não sou mais uma pessoa reativa, há algo que eu possa fazer para elevar a energia à minha volta?"

Assim que aprender a deixar de lado o ruído reativo provocado pelos seus pensamentos e emoções pessoais, as coisas vão se esclarecendo. Você vai saber como trabalhar com a situação que se apresenta. Se estiver consciente, presente e atento, vai saber o que fazer. Afinal, o momento fala com você. Não necessariamente com palavras. O pedaço de papel no chão, a pessoa que precisa de ajuda, seja o que for – sua resposta será óbvia se você prestar atenção. A verdade mais profunda é que não importa o que você faça. O que importa é de onde você parte. O que importa é a sua motivação. Se sua motivação for se libertar de si mesmo e servir ao momento presente, você será digno de grande respeito. Todos gostaríamos de conhecer alguém cujo maior propósito na vida seja primeiro se livrar dos bloqueios pessoais para, em seguida, dar o melhor de si a cada instante. Pessoas assim jamais nos fazem mal, pois sua motivação é pura. Quando nossa motivação é pura e impessoal, sempre acabamos espalhando luz.

Cuide para que sua motivação seja pura e não olhe para trás. Se alguém criticar suas ações, peça desculpas e siga em frente. Esteja sempre disposto a aprender. Quando suas ações vêm do lugar mais elevado possível, não há culpa nem vergonha. Quando você dá o seu melhor, colhe frutos sagrados. Se você der o seu melhor e ainda assim alguma coisa terrível resultar disso, tire proveito dela. Ela é sua. Aprenda com o que aconteceu. Aproveite a oportunidade para crescer e fazer melhor da próxima vez. Não se deixe abater. Não julgue. É somente quando não damos o nosso melhor, é somente quando nos deixamos invadir por perturbações pessoais e cedemos a elas, que geramos karma e complicamos tudo.

Pratique a libertação, e em dado momento você chegará a um lugar de consciência que não se deixa abalar por nada à sua volta. Haverá uma bela energia alimentando e fortalecendo você. Daí para a frente, não haverá mais técnicas nem ensinamentos. Tudo passará a acontecer de maneira natural. Você vai constatar, intuitivamente, que esse belo fluxo de energia deve estar vindo de algum lugar. Yogananda escreveu em *Whispers from Eternity* (Sussurros da eternidade): "O que houve comigo? Intoxicação atrás de intoxicação! Ondas e ondas de intoxicações, divinas e incessantes, chegam até mim!" De onde vem essa energia? É como se fosse um fluxo, como se correntes de água estivessem fluindo dentro de você. Não é teoria, é real. Existe uma experiência constante de shakti, de espírito fluindo aí dentro. De algum lugar essa energia deve estar vindo. Tem que haver uma fonte. Agora você está pronto para a próxima etapa da sua jornada: a busca dessa fonte.

Você logo vai perceber que a mente não pode ajudá-lo nessa jornada. Qualquer foco nos seus pensamentos afastará a consciência do Eu e reduzirá o fluxo de energia. A jornada não é analítica nem filosófica. Só uma coisa pode buscar a fonte do fluxo de energia: aquilo que a está vivenciando, sua consciência. Para encontrar a origem de uma fonte de água doce, você sente a correnteza e nada em direção a ela. É a mesma coisa quando buscamos a fonte do fluxo de shakti. A consciência sente o fluxo e se funde a ele. Isso se torna a sua prática espiritual. É a sua entrega, uma entrega verdadeira.

Até agora, você praticou a entrega libertando-se de seu eu inferior. Agora que aprendeu a sentir esse fluxo de energia maior dentro de si, você deve se entregar a ele. Até que haja uma entrega final, continuará existindo uma experiência sujeito-objeto: a consciência (sujeito) vivenciará o fluxo de shakti (objeto). Mas, se quiser realmente conhecer o fluxo, é preciso fundir-se a ele, tornar-se uma coisa só.

Para se tornar um só com o fluxo, é preciso abandonar a ideia de separação. Não basta experimentar a energia; é preciso render-se a ela. Quando você se entregar, o fluxo vai puxá-lo para dentro. É para lá que foram os grandes mestres. Em sânscrito, a palavra "yoga" significa "união". Meher Baba disse que, quando entrou pela primeira vez no estado mais elevado de iluminação, foi como se uma gota de água caísse no oceano. Tente achar essa gota. Impossível, ela se fundiu ao oceano. Cristo disse: "Eu e o Pai somos um" (João 10:30). O significado desses ensinamentos é o mesmo. Quando você deixa de separar a noção do Eu desse fluxo de energia, ele começa a puxá-lo para si, e vocês se tornam um só. Yogananda se referia a isso como um rio de alegria fluindo dentro de nós. O caminho é encontrá-lo, chegar lá, entrar nele e se afogar. Agora estamos discutindo o estado mais sublime de todos, e cada um de nós é capaz de alcançá-lo.

Lembre-se de como chegamos até aqui. Chegamos aqui eliminando os bloqueios para que a energia pudesse fluir. Os estados superiores da consciência são totalmente naturais, mas não se deve procurá-los. Enquanto houver bloqueios, você não saberá como é estar livre deles. Liberte sua mente dos bloqueios e as meditações mais profundas virão naturalmente. Você pode estar tranquilo, vendo televisão, quando de uma hora para outra se vê num estado que não conseguiu alcançar nem mesmo após horas de meditação. Você vai se tornar um ser de shakti, e essa energia vai levá-lo ao êxtase repetidas vezes.

Não há nada mais belo do que o fluxo de shakti. A energia é tão satisfatória que você jamais voltaria a bloqueá-la. Se acontecer alguma coisa com potencial de deixar você na defensiva, espere um pouco antes de agir. Libere primeiro a sua vontade de se fechar, e só então lide com o mundo exterior. Faça de tudo para eliminar o que se interpõe entre você e o estado de "realização de Deus", ou seja, sua unidade com o divino.

Comece com os frutos mais fáceis de colher e, em seguida, trabalhe na libertação do passado. Essa é a maneira perfeita de começar uma transformação significativa. Depois que aprender a se livrar dos males que você causou a si mesmo, inevitavelmente algo maior vai acontecer. Graças ao seu trabalho de crescimento espiritual, você vai deixar as coisas fluírem naturalmente até nos momentos mais desafiadores. Não espere a bomba explodir no seu colo para se perguntar o que poderia ter feito diferente. Você precisa fazer esse trabalho de libertação todos os dias. Só assim você saberá lidar com qualquer coisa que a vida coloque em seu caminho.

Como quase tudo na vida, esses estados espirituais mais profundos exigem tempo. Mas basta fazer o trabalho interior para que a energia comece a fluir. Assim que as comportas se abrirem, você terá toda a ajuda de que precisar para a energia subir. Você não está nesse caminho sozinho – todos os que o trilharam antes ajudarão você. Siga em frente, libertando-se. Não importa o que aconteça. Esses estados não vão se manifestar de uma só vez e permanecer inabaláveis. Você terá ondas esporádicas de energia porque algo se abriu dentro de você. E tudo bem se o fluxo for interrompido. Não se preocupe. Você ainda tem trabalho a fazer. Tenha determinação, mas vá com calma. Chegará uma hora em que o fluxo ascendente não vai mais cessar. Você se tornará um conhecedor da sua alma, um conhecedor do espírito. Quando conseguir relaxar e se entregar aos estados mais profundos, você finalmente acordará para a plena autorrealização. A verdadeira iluminação é isso. Não é uma experiência espiritual. É um estado espiritual permanente.

Mas, por mais fundo que você tenha conseguido ir, não proclame que alcançou a iluminação. Reserve essa palavra aos grandes mestres. O contentamento já basta. Não dê origem a um ego espiritual. Você não precisa carregar uma placa de "Sou uma pessoa espiritual" para viver a espiritualidade. É preciso se libertar disso também. Libertar-se por completo, para sempre. Se fizer isso, a energia tomará conta de você. E, se antes você costumava ver seu eu pessoal se expressando, agora verá apenas o fluxo de shakti. Entregue-se ao fluxo. Dedique-lhe a vida. Funda-se a ele, e ele guiará você pelo resto do caminho. Essa é a entrega final.

Foi uma honra compartilhar esses ensinamentos com você. Não permita que este seja apenas mais um livro que você lê antes de voltar à sua rotina de sempre. Dedique-se à sua transformação. Não se trata de abrir mão da vida – trata-se de experimentá-la no nível mais profundo. Se você se libertar diariamente, sob todos os aspectos, verá que essa missão é maior do que você. É assim que funciona: onde você não estiver, estará Deus. Onde Deus estiver, você não estará.

Agora você entende por que Cristo disse que o reino dos céus está dentro de cada um de nós? Trata-se da essência do seu ser. Não existem mais limites, e você é perfeitamente capaz de concluir essa jornada. Sua energia interior se elevará cada vez mais à medida que você for se libertando. Só por se interessar por esses ensinamentos você já está mudando o mundo. Você, que se empenha na própria libertação, merece ser profundamente respeitado.

Com muito amor e respeito,
MICHAEL A. SINGER

Agradecimentos

A vida nos ensina muito. Se estivermos abertos, cada situação terá algo a nos ensinar sobre nós mesmos e sobre o mundo que se revela a cada instante. Gostaria de começar meus agradecimentos reconhecendo quanto esse fluxo de vida me ensinou. Foram esses ensinamentos que me levaram a escrever este livro. Agradeço também a todos os sábios que trilharam esse caminho antes de mim e guiaram minha exploração interior.

É com profunda humildade e apreço que reconheço o formidável trabalho que minha amiga e gerente de produto, Karen Entner, realizou neste livro. Com uma dedicação incansável e altruísta, ela instilou na obra um senso de compromisso e perfeição muito raro neste mundo.

Gostaria também de aproveitar a oportunidade para agradecer às editoras New Harbinger Publications e Sounds True pela dedicação e pelo esforço em tornar esta obra uma realidade. Ambas as equipes trabalharam em conjunto e fundiram seus talentos numa só força para produzir, divulgar e distribuir este livro muito especial.

Os muitos leitores do manuscrito também merecem meus agradecimentos, entre eles James O'Dea, Bob Merrill e Stephanie Davis, que contribuíram com sugestões detalhadas quando eu estava apenas começando a escrevê-lo.

Por último, gostaria de agradecer a você, leitor, por se interessar em aprofundar sua relação consigo mesmo e com o mundo ao seu redor. Sua disposição em explorar o que realmente está acontecendo, dentro e fora de você, tem o poder de mudar o mundo.

CONHEÇA OUTROS LIVROS DO AUTOR

A entrega incondicional

Neste livro de memórias, Michael A. Singer relata os desdobramentos de sua atitude corajosa, que lhe colocou diversos desafios, apoiou-o em momentos de crise e lhe trouxe uma enorme paz interior.

A entrega foi a chave para uma jornada que começou quando era um jovem em busca de solidão para meditar na floresta, depois evoluiu para criar uma comunidade espiritual na Flórida e tomou um curso inesperado ao começar uma empresa de software, o que acabou levando-o a se tornar presidente de uma corporação bilionária.

Suas notáveis e surpreendentes experiências nos trazem uma nova perspectiva da vida e nos ensinam a parar de tentar moldar as circunstâncias externas às nossas vontades e expectativas.

Quando abrimos mão da necessidade de controle e passamos a confiar na perfeição do universo, tudo de bom pode acontecer.

A *alma indomável*

O que é essa voz que fala sem parar dentro da minha cabeça? Como manter a serenidade diante do falatório mental que julga, critica e decide por mim? Como viver sem ser comandado por essa voz que não consigo controlar?

Usando o conhecimento das antigas tradições espirituais do Oriente e do Ocidente, Michael A. Singer mostra como se libertar da tirania da mente e abandonar pensamentos, crenças e emoções que sabotam nossa felicidade e a autorrealização.

Com ideias claras e acessíveis, *A alma indomável* apresenta ensinamentos e práticas para você estabelecer uma conexão profunda consigo mesmo, compreender seu papel no mundo e assumir a responsabilidade por suas escolhas.

O resultado é um estado de presença e de consciência elevado, em que cada momento é vivido com mais energia, intenção e alegria. Sua tranquilidade não dependerá mais das circunstâncias externas nem da voz na sua cabeça.

E, assim, você deixará de estar à mercê de seus pensamentos e irá alcançar a mais profunda das liberdades: a liberdade da alma.

CONHEÇA ALGUNS DESTAQUES DE NOSSO CATÁLOGO

- Augusto Cury: Você é insubstituível (2,8 milhões de livros vendidos), Nunca desista de seus sonhos (2,7 milhões de livros vendidos) e O médico da emoção
- Dale Carnegie: Como fazer amigos e influenciar pessoas (16 milhões de livros vendidos) e Como evitar preocupações e começar a viver
- Brené Brown: A coragem de ser imperfeito – Como aceitar a própria vulnerabilidade e vencer a vergonha (900 mil livros vendidos)
- T. Harv Eker: Os segredos da mente milionária (3 milhões de livros vendidos)
- Gustavo Cerbasi: Casais inteligentes enriquecem juntos (1,2 milhão de livros vendidos) e Como organizar sua vida financeira
- Greg McKeown: Essencialismo – A disciplinada busca por menos (700 mil livros vendidos) e Sem esforço – Torne mais fácil o que é mais importante
- Haemin Sunim: As coisas que você só vê quando desacelera (700 mil livros vendidos) e Amor pelas coisas imperfeitas
- Ana Claudia Quintana Arantes: A morte é um dia que vale a pena viver (650 mil livros vendidos) e Pra vida toda valer a pena viver
- Ichiro Kishimi e Fumitake Koga: A coragem de não agradar – Como se libertar da opinião dos outros (350 mil livros vendidos)
- Simon Sinek: Comece pelo porquê (350 mil livros vendidos) e O jogo infinito
- Robert B. Cialdini: As armas da persuasão (500 mil livros vendidos)
- Eckhart Tolle: O poder do agora (1,2 milhão de livros vendidos)
- Edith Eva Eger: A bailarina de Auschwitz (600 mil livros vendidos)
- Cristina Núñez Pereira e Rafael R. Valcárcel: Emocionário – Um guia lúdico para lidar com as emoções (800 mil livros vendidos)
- Nizan Guanaes e Arthur Guerra: Você aguenta ser feliz? – Como cuidar da saúde mental e física para ter qualidade de vida
- Suhas Kshirsagar: Mude seus horários, mude sua vida – Como usar o relógio biológico para perder peso, reduzir o estresse e ter mais saúde e energia

sextante.com.br